# ベトナムかあさんの味とレシピ

伊藤 忍 +
ベトナム大好き編集部

# はじめに

みなさんはベトナムの〝家庭料理〟と聞いたとき、
どんな料理をイメージしますか？
生春巻き？　フォー？　バインセオ？
じつはこれらは、家庭料理ではなく、お店で食べることが多い料理です。
ベトナムの人々の日常の食卓は、白いご飯に、肉や魚、野菜のおかず。
つまり、私たちの日本の食卓にとても近いのです。

この本では、６人の料理上手なかあさんに登場してもらい、
家族みんなが大好きだという、得意料理を教えてもらいました。
白いご飯にぴったりのおかずやスープだけでなく、
休日のご馳走やとっておきのスイーツまで！
真心こめてつくる料理は、愛情たっぷり。
南北に長いベトナムは、地域が異なれば食文化も異なるため、
かあさんたちの料理にこうした特色がよく出ているのも見どころです。

そして、かあさんたちの台所と日常には、
それぞれの人生から紡ぎ出されるストーリーがありました。

都会の忙しい暮らしもあれば、田舎らしいのんびりした暮らしもあります。
びっくりするくらいの大家族だったり、親子だけの小さな家族だったり、
家族がバラバラに暮らしていたり、ファミリーの形もさまざま。
それでも共通して感じられたのは、かあさんたちがいかに心を尽くして
家族のために料理をつくってきたかということ。
愛する人たちが「おいしい」と言ってくれるから、
かあさんたちの腕は磨かれたのです。

そんなベトナムかあさんの味とレシピを、
まずは写真と物語で味わって！
その中で、心惹かれた〝おふくろの味〟があれば、
ぜひつくってみてください。
心が温かくなるような、ホッとするおいしさに出会えるはずです。

伊藤忍 ＋ ベトナム大好き編集部

# 大好きな家族がいるから

愛情を込めて料理する。

だからおいしい、かあさんの味。

そんなベトナムっ子たちの
日々の食卓を、ちょっとのぞき見。

# 目次

# 料理の前に

## レシピについて

本書で紹介するレシピはすべて、ベトナムのかあさんたちから教えてもらった通りにまとめた〝伝言レシピ〟です。調理環境や食材の違いによっては、かあさんたちの料理とまったく同じできあがりにはならないかもしれませんが、ベトナムの家庭料理と食文化を知る第一歩になるはず！

## 「忍メモ」について

ベトナム料理研究家・伊藤忍の視点から、調理のポイントをピックアップ。日本の食材で代用する場合のコツなどもお伝えします。

## 食材について

現地の魚や野菜、香草など、日本では手に入りにくい食材も多く登場しますが、レシピにはできるだけ代用できる食材を明記しました。多くの料理に登場する「赤わけぎ」は、タイの「ホムデン」と同じものですが、手に入らない場合は小ねぎの白い部分で代用できます。また、ベトナム語の食材名は、かあさんの住む地域の発音に準じた表記にしています。

## 計量について

かあさんたちの計量はざっくりしています。目分量で入れていき、足りないと思ったら、あとから調整するなんていうことがしょっちゅう。

みなさんがつくるときも、そんなかあさんのつくり方を基本にしながら、途中でこまめに味見をして調味料を足し、最終的に好みの味に仕上げてください。よく登場する表記については、〇計量スプーンは大さじ1＝15㎖、小さじ1＝5㎖、〇計量カップは1カップ２００㎖です。

### 道具について

かあさんたちが使っている道具は、日本の家庭の台所にある道具とさほど大きな差はありません。炒め物はフッ素樹脂加工の中華鍋を使うことが多いですが、フッ素樹脂加工のフライパンでかまいません。

### 火加減について

かあさんたちの火加減は、かなり適当。そこで、早めに沸騰させるための「強火」や、じっくり煮込むための「弱火」など、大切なポイントとなるところだけに、火加減を記載しました。

### ベトナム語について

ベトナムは南北で言葉も発音も大きく異なります。料理や食材の名称については、南部の料理は南部の、北部の料理は北部の名称を記載しています。また、１７２ページの「定番食材＆調味料」ダイジェストで紹介している食材については、南北の名称がある場合は両方を記載しました。

## 家族みんなで受け継ぐ、かあさんの味

# トーかあさん

ベトナム南部のドンナイ省は、都心から車を2時間ほど走らせた場所にある地域。ホーチミン市が東京だとすれば、神奈川や千葉といった近郊のエリアをイメージするとわかりやすい。工業や農業もさかんで、のんびりとしたローカルな風景が広がる。

ここに暮らすトーかあさんを訪ねると、「よく来たわね。上がってちょうだい！」と、まあるい笑顔で迎えてくれた。キッチンには小さな子どもたちの姿も。主婦業の傍らで、ベビーシッターとして、近所の子どもを預かる仕事もしているのだそう。

この日はちょうど土曜日で、家族がみんな揃って、家でゆっくりお昼を食べることのできるうれしい日。昨年結婚した長男のチーンさんも、出産したばかりの奥さんが里帰り中なので、ちょうど実家に帰省していたところだった。長女のチンさん、次男のコンさんはすでに社会人で、末っ子の三男のチューンくんは大学生。久々に一家6人が揃った上に、近所に住むおばあちゃんもやってきた。家族のなかでもトーかあさんがいちばんうれしそうな顔をしているように見える。

さっそくキッチンにお邪魔すると、テーブルの上には下味をつけた魚やお肉、きっちり切りそろえられた野菜、バナナの葉の上に盛られた米麺……。下ごしらえされた食材たちが整然と並んでいて、その美しいこと！

「今日つくるのは、全部私の母から受け継いだ味ばかりなのよ」

すでに、トーかあさんがどれだけ料理自慢なのかが伝わってくる。

じつは、お昼ご飯の支度をするために忙しく駆け回るのは、トーかあさんだけではなかった。子どもたちがものすごく優秀なアシスタントなのだ。長男と長女が中心になって、とにかくよ

いつもニコニコ、笑顔を絶やさないトーかあさん。ダナンで生まれ育ったので、中部の郷土料理も得意。手に持っているザルに入っているのは、中部の麺料理「ミークアン」に使う生麺だ。

トーかあさんのキッチンは、自然光が差し込む明るい空間。この日は長男のチーンさん、
長女のチンさんが手伝って、ササッと下ごしらえや後片付けをこなしてくれた。

く働く！　特に指示をしなくても、野菜を切ったり、揚げ物を交代して揚げたり、洗い物もあっという間にやっつけてしまう。かあさんの動きを先読みして動くのだ。

　お手伝いをするようにと教育したわけではない。かあさん自身がそうやっておばあちゃんを手伝ってきたから、子どもたちも自然に母の手伝いをするようになった。一緒にキッチンに立ってみんなで食事の支度をするのが、この家の古くからの慣習なのだ。

　そんなトーかあさんは中部のダナンに生まれ、１９７７年、14歳のときに一家でドンナイ省に移住した。当時、苦しいベトナム戦争が終わり、「南部にいけば暮らしがラクになる」と人々がこぞって南を目指した。

　友だちの紹介で知り合った、7歳年上のチャウさんと結婚したのは24歳の

**1.** 下ごしらえをした食材がすでに美しく、見とれてしまった。肉や魚にしっかり下味をつけてから調理するのは、ベトナム料理ならでは。**2.** そっくり母娘！ 長女のチンさんとは、とても仲良し。**3.** 年季の入った電気鍋は、弱火でコトコト煮込むスープなどをつくるのに重宝。コンロが２口なので、こうした調理器具もフル回転。

とき。北部出身らしいまじめでシャイな男だった。今でこそトーかあさんの料理に惚れ込んでいるけれど、結婚したばかりの頃は、中部や南部の甘めの味つけになじめず、自分の母親がつくる北部の味が恋しくなって、ちょくちょく実家に帰ってしまうことがあったらしい。

　トーかあさんはちょっぴり悲しかったけれど、ちゃんと努力もした。彼のために一生懸命勉強して、蟹汁や小なすの漬物、ブンズィウ（北部の麺料理）など、いくつもの北部料理を研究して食卓に出すようにしたのだ。誰よりもおいしく食べてもらいたいのは大切な旦那さん。だから、今でもご飯の炊き加減はチャウさん好みの「やわらかめ」を徹底しているのだとか。

　その甲斐あって、今では仕事のある日もお昼休みには家に帰って、ご飯を

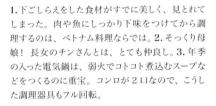

週末は家族全員でゆっくり食卓を囲むのが楽しみ。近所に住むおばあちゃんも、孫たちに囲まれて嬉しそうな笑顔。

2

1

3

**1.** ベトナムではスープもおかずのひとつ。大きな鉢に入れて食卓に並べ、ご飯の上にかけて食べる。22ページで紹介する、ゴーヤーの肉詰めスープ。**2.** 玄関脇には、庭で取れたバナナが吊され、黄色く熟すのをゆらゆらと待っている。**3.** 家族が食事をするのは、庭がよく見える開放感のあるリビング。一年中、暖かい気候の南部ならでは。

食べてから再び出かけるのだという。

「妻の料理は全部おいしいけれど、特に鶏肉の料理が好き」というチャウさんのはにかんだ笑顔は、かあさんと家族への愛情で溢れていた。

魚醤でさらに風味アップ

## Cải thìa xào dầu hào

# チンゲン菜のオイスターソース炒め

中国の影響を受けているベトナムでは、オイスターソースは、どこの家庭の冷蔵庫にも欠かせない調味料のひとつだ。なかでもオイスターソースで味つけしたチンゲン菜の炒め物は、家庭料理の定番。しかも、トーかあさんは、ほんの少しヌックマムを加えて、魚醤の旨味をプラスする。これも、ベトナムの家庭ならではの味わい。空心菜や小松菜でつくってもおいしい。

**材料**（3～4人分）

チンゲン菜
（葉と茎に分けてザク切り）
… 250g

豚薄切り肉（好みの部位）
… 100g

A
- ヌックマム … 小さじ½
- 塩、グラニュー糖 、黒こしょう … 各少々
- 赤わけぎ、にんにく（みじん切り）… 各大さじ½

赤わけぎ（薄切り）… 大さじ1

にんにく（みじん切り）… 小さじ2

植物油 … 大さじ3

オイスターソース … 大さじ1

塩、グラニュー糖、黒こしょう … 各少々

パクチー（ザク切り）… 適量

**つくり方**

1. 豚肉は食べやすい大きさに切り、Aをからめて10分ほど置き、下味をつける。
2. フライパンに植物油を入れて熱し、赤わけぎとにんにくを入れて炒める。香りが立ってきたら、1の豚肉を入れて炒め、半量のオイスターソースで調味する。
3. チンゲン菜の茎を入れ、表面に火が通ったら残りのオイスターソースを加えて味をからめてから、チンゲン菜の葉を加えてサッと炒める。仕上げに塩、グラニュー糖で味を調える。
4. 器に盛り、黒こしょうをふってパクチーを散らす。

**忍メモ**

オイスターソースを2回に分けて加えることで、豚肉とチンゲン菜、それぞれに味がのります。

オイスターソースはメーカーよって味が違うので、仕上げの塩とグラニュー糖の量を加減して調整を！

ベトナム流の豚の角煮

# Thịt kho trứng
# 豚と卵の煮物

もともとは中国の料理で、華人によって広められた豚の角煮。東南アジア各国に伝えられ、その土地ごとに異なるスタイルに進化していった料理だ。ベトナムでは、ヌックマムを使って煮込む。さらに、トーかあさんのレシピは、煮汁に甘味のある新鮮なココナッツジュースを使う南部風。お肉と魚醤の組み合わせは、とても旨味が豊か！ 白いご飯がすすむ味だ。

**材料**（3～4人分）

豚バラ肉（ブロック）… 500g
ゆで卵 … 6～8個

A
- ヌックマム … 大さじ2
- グラニュー糖 … 大さじ1
- 塩 … 小さじ1
- 黒こしょう … 少々
- 赤唐辛子（輪切り）… 2本分

にんにく（みじん切り）… 大さじ1
赤わけぎ（みじん切り）… 大さじ1

B
- ココナッツジュース（水で代用可）… 500mℓ
- 赤唐辛子 … 2本
- 小ねぎの白い部分（ザク切り）… 3本分

植物油 … 大さじ2

C
- ヌックマム、グラニュー糖、黒こしょう … 各適宜

パクチー（ザク切り）… 適量

---

**つくり方**

1. 豚肉は食べやすい大きさに切る。熱湯にサッとくぐらせて水に取って洗い、水気を拭く。ボウルに豚肉とAを混ぜ、1時間ほど置き下味をつける。
2. 鍋に植物油を熱し、にんにくと赤わけぎを炒める。香りが立ってきたら、**1**の豚肉を入れて炒める。
3. 肉の色が変わったら、**2**で残った下味の調味料を加え、煮詰める。
4. Bを加えて、煮汁から豚肉が出る場合は、かぶるくらいの水（分量外）を足し、煮立ったら弱火で10分ほど煮る。ゆで卵を入れ、あと30分ほど煮たら、Cで味を調える。器に盛りパクチーを散らす。

早く味が染みるように爪楊枝でゆで卵の表面に穴を開けておくのがトーかあさん流。

## 忍メモ

日本ではフレッシュなココナッツジュースは手に入れにくいので、タイ食材店などに売っている「ココナッツウォーター」を使って。水で代用する場合は、グラニュー糖の量を増やします。

### 忍メモ

好みで赤唐辛子を入れたヌックマムを添え、つけて食べます。長いゴーヤーでつくる場合は1本を半分に切ってつくって。

コトコト煮込んだやさしい味

# Canh khổ qủa dồn thịt

# ゴーヤーの肉詰めスープ

やわらかく煮込んだゴーヤーの中には、春雨やきくらげを加えたひき肉のタネがたっぷり！　あっさりしていておいしい、煮物のような家庭料理の定番スープだ。一年を通じて暑い南部では、ゴーヤーは熱を取る作用がある野菜としておなじみだが、イボの少ない淡い緑色の品種が主流。長さもいろいろあり、スープにはまるごと煮込める短いものがよく使われている。

## 材料（4人分）

ゴーヤー … 小4本
豚ひき肉（赤身）… 200g
緑豆春雨（乾燥）… 30g
きくらげ（乾燥）… 小4～5枚
小ねぎ … 3～4本

A
- 赤わけぎ（みじん切り）… 大さじ1
- 塩 … 小さじ⅓
- グラニュー糖 … ひとつまみ

B
- 水 … 1ℓ
- 赤わけぎ（ザク切り）… 3個
- 顆粒スープの素 … 小さじ2
- 塩 … 小さじ1
- 氷砂糖…2～3片

ヌックマム … 適量
黒こしょう … 少々
パクチー（ザク切り）… 適量

---

## つくり方

1. ゴーヤーは縦に切り込みを入れ、中のワタと種をかき出す。薄い塩水（分量外）の中に10分ほど浸してしんなりさせ、水で洗って水気をきる。
2. 緑豆春雨、きくらげはそれぞれ水に15分ほど浸してもどし、春雨は短く切り、きくらげは細切りにする。小ねぎは白い部分と青い部分に切り分け、それぞれザク切りにしておく。
3. ボウルに豚ひき肉を入れて練り、**2**の春雨ときくらげ、Aを混ぜる。
4. **1**のゴーヤーに**3**のタネを詰める。
5. 鍋にBを入れて火にかけ、煮立ったら**4**を入れて蓋をし、30分ほど煮る。**2**の小ねぎの白い部分を入れて5分煮て、ヌックマムで調味する。
6. 器に盛って、黒こしょうをふる。**2**の小ねぎの青い部分とパクチーを散らす。

甘酸っぱいソースも絶品！

# Cá nục kho cà
# 鯵のトマト煮

トーかあさんの故郷、ベトナムの中部で、鯵《あじ》はよく食べられている魚のひとつだ。煮魚は定番で、それぞれの家庭ごとの味つけがあるという。トーかあさんがよくつくるのは、フレッシュトマトをたっぷり使い、甘酢っぱいソースで煮込む「鯵のトマト煮」。鯵とヌックマム、両方の旨味がたっぷり溶け込んだトマトソースもご飯にかけて余さずに食べたい。

## 材料（4人分）

鯵 … 4尾
小ねぎ（白い部分はみじん切り、青い部分はザク切り） … 3本分
A
- ヌックマム … 小さじ2
- グラニュー糖 … 大さじ½
- 黒こしょう … 小さじ1
- にんにく（みじん切り） … 小さじ2
- 赤唐辛子（みじん切り） … 1本分

植物油 … 大さじ3
にんにく（みじん切り） … 大さじ1
赤わけぎ（みじん切り） … 大さじ1
トマト（ザク切り） … 中2個
B
- ヌックマム、グラニュー糖 … 各大さじ1
- トマトオイルソース … 大さじ1

C
- ヌックマム、グラニュー糖、黒こしょう … 各適量

パクチー（ザク切り） … 適量

## つくり方

1. 鯵はワタを除き、きれいに洗って水気をきる。小ねぎの白い部分とAをからめて、30分ほど置いて下味をつける。
2. 鍋に植物油を熱し、赤わけぎとにんにくを入れて炒め、香りが立ってきたらトマトを入れて炒める。トマトの香りが立ってきたら、Bを加えて炒め、
3. 1の鯵を調味料ごと入れて、かぶる程度の量の湯（分量外）を注ぐ。煮立ったら蓋をして30分ほど煮る（途中、10分ほど経ったら魚を返す）。
4. 煮汁の味見をし、Cで味を調え、小ねぎの青い部分を入れて火を止める。器に盛り、パクチーを散らす。

## 忍メモ

トマトだけでもおいしくつくれますが、トマトオイルソースを加えてコクをプラスするのがトーかあさん流。日本ではトマトペーストを使って。

甘辛い味つけがあとを引く

# Cánh gà chiên nước mắm

# 鶏手羽のヌックマム揚げ

この料理は、ベトナム人ならみんな大好き！　下味をつけて揚げたり、揚げてから調味料をからめたり、さまざまなつくり方があるが、トーかあさんのレシピは下味をつけて、揚げてからも調味料を煮からめて、しっかり味をつけるやり方。濃いめの甘辛い味なので、さっぱりしたレタスやきゅうり、トマトなどの野菜も添える。ご飯のおかずにも、お酒のつまみにも！

## 材料（つくりやすい分量）

鶏肉（手羽先、手羽元）… 500g

A
- 塩 … 小さじ½
- グラニュー糖 … 小さじ¼
- にんにく（みじん切り）… 小さじ２
- 赤唐辛子（みじん切り）… １本分

小麦粉 … 適量

揚げ油 … 適量

B
- ヌックマム … 大さじ３
- 水 … 大さじ３
- グラニュー糖 … 大さじ２
- 黒こしょう … 少々
- にんにく（みじん切り）… 小さじ１
- 赤唐辛子（みじん切り）… １本分

C
- 塩、黒こしょう、赤唐辛子（みじん切り）… 各適量

パクチー、ライム … 適量

---

## つくり方

1. 鶏肉は水気を拭き、Aをもみ込んで１時間ほど置き、下味をつける。
2. **1**の鶏肉についているにんにくや赤唐辛子をこそげ落とし、小麦粉をまぶす。
3. 揚げ油を170℃に熱し、**2**の鶏肉を揚げる。軽く色づいたら取り出し、油を180℃に熱して、二度揚げする。
4. フライパンにBを煮立て、**3**の鶏肉を入れて、煮詰めながらからめる。
5. 器に盛り、パクチーを飾る。Cを混ぜ合わせて器に入れ、ライムを添える。

### 忍メモ

しっかり味つけしてありますが、黒こしょうと赤唐辛子を混ぜた塩を小皿に取り、ライムをしぼったタレにつけて食べるのがベトナム流。味が引き締まります。

二度揚げがポイント。一度目は、芯までしっかり火が通るように、低めの温度でじっくり揚げて。

干し海老の旨味はすごい！

## Canh bí xanh tôm khô

# 冬瓜と干し海老のスープ

ベトナムの食卓には、豚肉をじっくり煮てだしをとったスープがよく登場するが、仕込むのに時間がかかるのが難点。でも、干し海老を使うこのスープは短時間でだしがとれるので、トーかあさんにとっては、パパッとつくれる時短レシピなのだという。干し海老はスープの具材にもなるから一石二鳥！ 濃厚な海老の旨味を吸った冬瓜もやわらかく、やさしい味わいだ。

**材料**（4人分）

冬瓜 … 400g
干し海老 … 大さじ5
A
　顆粒スープの素 … 小さじ1
　黒こしょう … 小さじ½
植物油…大さじ2
小ねぎ（白い部分はみじん切り、青い部分はザク切り）… 4本分
水 … 800㎖
ヌックマム、砂糖 … 適量
パクチー（ザク切り）… 適量
黒こしょう … 少々

---

## つくり方

1. 冬瓜は皮を薄くむき、1㎝厚さのいちょう切りにする。
2. 干し海老はサッと洗ってから小さめの容器に入れ、ひたひたの湯（分量外）とAを加えて軽く混ぜ、しばらく置いて軽くもどす。
3. 鍋に植物油を熱し、小ねぎの白い部分を入れて炒め、香りが立ってきたら**2**を加えてさらに炒める。
4. 分量の水を加えて火にかけ、煮立ったらヌックマムと砂糖を加えて味を調える。**1**の冬瓜を加えて、火が通るまで煮る。
5. 食べる直前に、スープを沸騰させて小ねぎの青い部分を入れ、火を止めて器に盛る。パクチーを散らして、黒こしょうをふる。

干し海老を先に湯に浸して少しふやかしておくと、短時間で旨味が出る。

## 忍メモ

もどした干し海老を炒めてから使うことで香りがよくなり、おいしく仕上がります。

ベトナム中部の麺料理

## Mì Quảng tôm thịt

# 海老と豚のクアンナム風汁あえ麺

中部最大の都市ダナンや世界遺産ホイアンのあるクアンナム省の郷土料理で、「ミークアン」という呼び名で親しまれている。幅広の麺は米粉でつくられる生麺。黄色い麺もあるが、家庭ではこの白い麺が定番。中部出身のトーかあさんにとっては故郷の味だ。

### 忍メモ

生の米麺は日本では手に入らないので、タイ食材店で売っている乾麺の幅広い米麺「センヤイ」で代用して。

## 材料（4人分）

< スープ >
豚スペアリブ（スープ用）… 500g
水 … 1.2ℓ
アナトーシードオイル … 大さじ1
小ねぎの白い部分（ザク切り）… 4本分
うずらの卵（ゆでたもの）… 8個
ヌックマム … 適量
グラニュー糖 … 少々

< 具材 >
有頭海老 … 400g
A
- トマトペースト … 大さじ½
- 塩、アナトーシードオイル … 各小さじ1
- グラニュー糖、こしょう … 各小さじ½
- 赤わけぎ、にんにく（それぞれみじん切り）… 各大さじ1

豚もも肉（やや厚めのスライス）… 300g
B
- トマトペースト、ヌックマム、グラニュー糖 … 各大さじ½
- 塩 … 小さじ½

赤わけぎ、にんにく（それぞれみじん切り）… 各大さじ1
植物油 … 大さじ3
C
- ヌックマム、グラニュー糖 … 各大さじ1前後

ミークアンの米麺（生）… 1kg前後
小ねぎの青い部分（小口切り）… 4本分
ピーナッツ … 大さじ4

添え野菜（リーフレタス、スペアミント、バナナの花の蕾の小口切り）… 各適量
焼いたライスペーパー、ライム、赤唐辛子を漬けたヌックマム … 各適量

---

## つくり方

1. ＜スープ＞をつくる。豚スペアリブは沸騰した湯にサッと通して冷水に取り、かたまった血を洗う。鍋にスペアリブと分量の水、アナトーシードオイル、小ねぎの白い部分を入れて火にかけ、沸騰したら弱火にしてアクを取り、1時間ほど煮る。うずらの卵を入れて5分ほど煮たら、ヌックマムとグラニュー糖で味を調える。
2. ＜具材＞を準備する。海老はA、豚肉はBをそれぞれからめて30分ほど置き、下味をつける。
3. フライパンに植物油を熱し、赤わけぎとにんにくを入れて炒める。香りが立ってきたら、**2**の豚肉を入れて炒め、表面に火が通ったら**2**の海老を入れてさらに炒める。海老にも火が通ったらCで味つけする。
4. 米麺は1人分ずつ沸騰した湯にサッとくぐらせて温め、器に盛る。**3**の具材、**1**のうずらの卵をのせて、**1**のスープを注ぎ、小ねぎの青い部分とピーナッツを散らす。全体をよく混ぜ、好みで添え野菜やライスペーパーを割り入れ、ライムやヌックマムで好みの味になるよう調整しながら食べる。

ベトナムのドリンク＆スイーツに欠かせないのが、甘くて濃厚な現地のコンデンスミルクだ。トーかあさんが教えてくれた2品にもたっぷり！「シントー」は「ビタミン」という意味で、コンデンスミルクを加えてつくるスムージー。トマトのほか、マンゴーやバナナなどいろいろな果物でつくる。「つぶしアボカド」は、ベトナムではアボカドの最もポピュラーな食べ方。この国では、野菜というよりも果物として愛食されているのだ。

甘酸っぱいトマトがさわやか

**Sinh tố cà chua**

## トマトとヨーグルトのシントー

アボカドの食べ方ならコレ！

**Bơ dầm**

## つぶしアボカド

# トマトとヨーグルトのシントー

## 材料（4～5人分）

トマト（ザク切り）… 500g
コンデンスミルク … 大さじ4（好みで増やす）
ヨーグルト（加糖）… 100mℓ
牛乳 … 200mℓ
グラニュー糖 … 適量
砕いた氷 … 1カップ

## 忍メモ

コンデンスミルクのほかに、ヨーグルトや牛乳を加えるのがトーかあさん流。トマトに合うさっぱりとした味わいに。

## つくり方

1. ミキサーにトマト、コンデンスミルク、ヨーグルト、牛乳を入れて撹拌する。
2. 味見をし、コンデンスミルクの追加と好みの量のグラニュー糖を加え、さらに撹拌する。
3. 味が決まったら、砕いた氷を加えて軽く攪拌し、グラスに注ぐ。

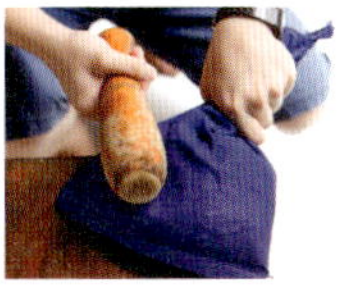

ベトナムでは氷を砕くときに、専用の道具を使う。この厚手の袋に入れて氷を入れて棒で叩けば、クラッシュアイスのできあがり！

# つぶしアボカド

## 材料（4～5人分）

アボカド … 500g
コンデンスミルク … 大さじ4（好みで増やす）
グラニュー糖 … 適量
砕いた氷 … 1カップ

## 忍メモ

コンデンスミルクは控えめにすると青くさい仕上がりに。濃厚でクリーミーな味になるまで、味見しながら足してください。

## つくり方

1. アボカドの果肉をボウルに入れ、フォークやスプーンでつぶす。コンデンスミルクを加え、クリーミーになるように混ぜる。味見をして、コンデンスミルクとグラニュー糖をちょうどいい味になるまで加える。
2. グラスに砕いた氷を入れ、1をのせる。

コンデンスミルクは思い切ってたっぷり加えて。氷と混ぜながらいただきます！

# チャンかあさん

## 手づくり大好き、愛情たっぷりの味

「結婚してくれたら、僕たちの家を建てるよ！」

　5歳年上の旦那さん、ウックさんからの熱烈なプロポーズを受けて結婚したチャンかあさん。17年前、38歳のときの出来事だった。ベトナムでは珍しい晩婚だ。約束通り、彼はちゃんと家を建ててくれ、「広いキッチンが欲しい」というチャンかあさんの夢を叶えてくれた。インテリアにこだわるウックさんがデザインしたキッチンは、白を基調にしたモダンなデザイン。屋上の階段につながる吹き抜けからは自然光が差し込み、リビングからキッチンへと抜ける風も気持ちがいい。しかも、収納や動線までしっかり考え尽くされているから、とっても使いやすい。かっこいいメタリックな食器棚もじつは、彼のセレクトなのだという。

　夫婦のなれそめは、とてもロマンティック。今でも旅行会社でバリバリ仕事をしているチャンかあさんは、「別の旅行会社で働いていた彼と、お互いに視察で訪れていた中国の北京で運命的な出会いを果たしたの」と話してくれた。

　そのときの視察団は、40人近く。夜の懇親会のあと、二次会が催されることになって待ち合わせ場所に行ったところ、集まったのはどういうわけか彼とふたりだけ！　せっかくなのでお茶を飲もうとして、ふたりで喫茶店を探して1時間ほど歩き、その間にいろいろなことを話した。そして帰国する便で再びの奇跡！　なんと機内で席が隣同士になるという偶然が重なったのだ。それがきっかけで、帰国してからおつきあいがスタートし、2年の交際ののち、ゴールインした。

　チャンかあさんは、「占い師にも40歳で結婚するって言われていたわ。だから運命だったのよね」と笑う。結婚

55歳のチャンかあさんは、とってもおしゃれでチャーミング。旦那さんの趣味の盆栽に囲まれて、得意のポーズを決めてくれた。

**1.** 白を基調にした、西洋風のスタイリッシュなキッチン。収納もたっぷり。**2.** ベトナム料理はとにかく野菜をたくさん使う。下ごしらえをした野菜の入った、プラスチックザルがカラフル。

してすぐに子宝にも恵まれ、今は中学生のクアンくんと親子3人で仲良く暮らしている。

仕事ができるキャリアウーマンのチャンかあさんだが、もともと料理が大好きでとっても家庭的。それは、両親が共働きで、決して裕福ではなかった子ども時代を過ごしたからでもある。7人きょうだいの上から2番目だったチャンかあさんは、子どものころから台所に立ち、ご飯をつくってきた。おいしいかどうかは、みんなの箸の進み具合でわかる。まずければ食べてくれない。だから、いつも「おいしいものをつくる」ということだけを考えてつくるうちに、腕が磨かれた。

「今でも両親の家で月1回は30人近い一族が集まって、みんなでご飯をつくって食べる会を開いているのよ」と、チャンかあさん。

**3.** チャンかあさんはお菓子づくりも大得意。食器棚にはゼリー型などが大量に！　**4.** 年季の入ったオーブンと、ケーキの生地などをつくるのに欠かせない多機能ミキサー。**5.** キッチンの棚を開けると、すべての鍋が吊されていた。旦那さんが考えた収納アイディアなのだとか。**6.** ベトナムで流行中？ どこの家庭にもあった、ペプシのキャンペーンの景品のお碗。

そんな料理上手なチャンかあさんのつくるご飯がおいしいから、旦那さんもクアンくんも、「外食よりも家のご飯が好き」なのだという。なんてうらやましい！

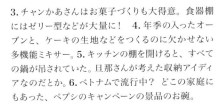

その代わり、まだまだ現役で働いているチャンかあさんの日常はとっても忙しい。朝は5時半に起床して朝ご飯をつくり、6時に家族みんなで食事。それから近所の市場に買い物に出かけて、夕飯の仕込み、掃除、洗濯。8時15分には出勤する。こんなに忙しいのに、いつもおしゃれをして、メイクだって丁寧に。55歳とは思えないほど、スタイルも抜群だ。

じつはチャンかあさん、料理だけでなく、お菓子作りも得意。年季の入ったオーブンや、ケーキの生地をつくる大型のミキサーなんかも持っている。食器棚には100個近いカラフルな

朝晩は、必ず家族３人で食卓を囲む。夫のウックさんは「料理上手で本当によくできる妻だけど、方向音痴で地図が読めないんだよ」と笑う。勉強熱心な息子のクアンくんは、家の手伝いもよくしてくれる。

ゼリー型が！　ネットでおいしそうなお菓子のレシピをチェックしていて、休みの日にはつくってみるのが楽しいのだそうだ。

チャンかあさんは、「家族と一緒に食卓を囲むことができる毎日が、心から幸せ」と微笑む。だからきっと、これからもますます、料理の腕を磨き続けるに違いない。

ウックさんは盆栽や世界の骨董、珍しい民芸品、鉱物などを集めている趣味人。自慢のコレクションをお客さんに披露するのも大好き。

盆栽コレクションを眺めながら、屋上でお茶を飲むのが、夫婦の憩いのひとときき。夜は夜景もきれいなのだそう。

インテリアもすべて、ウックさんがこだわって選んだものばかり。

## 忍メモ

空芯菜を投入したら、強火で炒めて水気をとばしてから、調味料を加えます。水気が残った状態で調味料を加えると、空芯菜からも水分が出て味が薄まってしまうので注意！

食欲をそそる香り

# Rau muống xào tỏi
# 空芯菜のにんにく炒め

ベトナムでは、空芯菜はとても庶民的な野菜だ。市場に足を運ぶと、いたるところに山積みになって売られている。チャンかあさんがつくってくれたのは、シンプルなにんにく炒めだが、サッと湯通ししてから炒めるのがコツ。えぐみやアクが抜けて、色も鮮やかな緑に仕上がる。また、ほんの少しグラニュー糖を加えて、ヌックマムの塩味の角を取るのもポイントだ。

## 材料（3～4人分）

空芯菜 … 200g
にんにく（みじん切り）… 大さじ1
植物油 … 大さじ2

A
- ヌックマム … 小さじ2
- グラニュー糖 … 小さじ½
- 顆粒スープの素 … 適量
- 黒こしょう … 少々

## つくり方

1. 空芯菜はしおれた葉を間引き、⅓の長さに切る。
2. 鍋にたっぷりの湯を沸かし、塩、植物油各少々（分量外）を入れ、空芯菜をサッとくぐらせ、ザルに上げて湯を切る。
3. フライパンに植物油を熱し、にんにくを入れて炒める。香りが立ってきたら、2の空芯菜を入れ、炒めて水分をとばしてからAで調味する。

炒める前にサッと湯通しすると、きれいな色になる。

米麺にかけてもおいしい

# Cháo cá lóc
# 雷魚のお粥

忍メモ

雷魚の代わりに、鯛や鱈などの白身魚を使っても。切り身でもOKです。

雷魚はベトナムではポピュラーな魚のひとつ。チャンかあさんがつくってくれたこのお粥は、雷魚がたくさん取れるベトナム南部の地方、メコンデルタ流だ。あっさりしているように見えるが、魚のだしがたっぷり溶け出したスープで煮ているので、旨味が凝縮した濃厚な味。チャンかあさんは米麺のブンを添えて、スープのようにお粥をかけて食べるのが好みなのだそう。

## 材料 (3～4人分)

インディカ米 … 1カップ
皮むき緑豆 … ½ カップ
雷魚 (鱗や内臓を除く、鯛や鱈などで代用可) … 1尾 (600～800g)
赤わけぎ (薄切り) … 2個分
生姜 (薄切り) … 1かけ分
ふくろたけ (生、マッシュルームなどで代用可) … 20個
植物油 … 大さじ2
にんにく (みじん切り) … 大さじ1

A
ヌックマム … 小さじ2
塩 … 小さじ1
グラニュー糖、黒こしょう … 各小さじ ½

B
フライドオニオン、小ねぎ (小口切り)、パクチー (刻む) … 各適量

C
生野菜 (もやし、刻んだリーフレタスやシソ、パクチーなど)、ブン (ゆでた素麺で代用可)、赤唐辛子を入れたヌックマム … 各適量

---

## つくり方

1. 米は洗ってから1時間ほどザルに上げておく。緑豆は洗い、1時間ほどたっぷりの水に浸して水気をきる。
2. 雷魚を熱湯に通し、表面の色が変わったら冷水で洗い水気を切る。
3. 鍋に**2**の魚と水1ℓ (分量外)、赤わけぎ、生姜を入れて火にかけ、沸騰したら火を弱める。魚に火が通ったら取り出し、身を粗くほぐしておく。
4. **3**の魚のゆで汁に**1**の米と緑豆を入れ、蓋をせずに20～30分ほど弱火で炊く。お粥状になったら、ふくろたけを加えてサッと煮る。
5. フライパンに植物油を熱し、にんにくを入れて炒める。香りが立ってきたら、**3**の魚の身を入れて炒め、Aで味つけする。
6. **4**のお粥の鍋に**5**を加えて、サッと煮たら塩とグラニュー糖 (分量外) で味を調える。器に盛ってBを散らし、Cを添える。

ブンにお粥をかけて。米と米の組み合わせが、不思議なおいしさ。

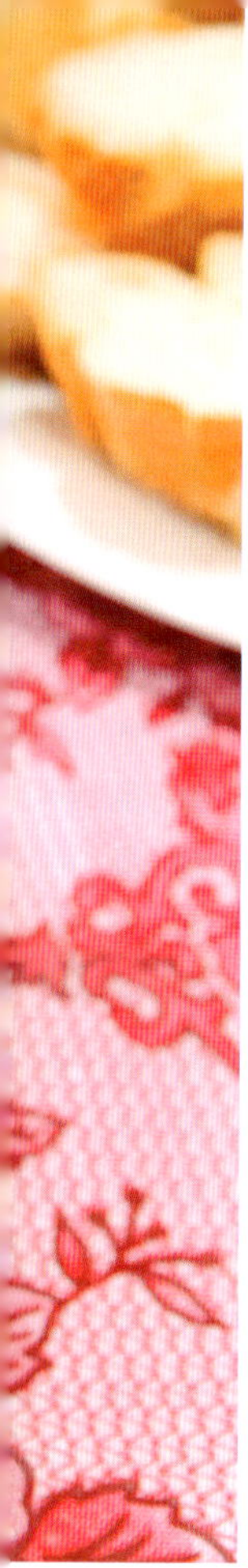

おいもがたっぷり、クリーミー！

Gà nấu cà ri

# 鶏のカレー煮

八角やシナモンなども入った独特な風味のカレーペーストで煮込んだ、甘めのココナッツミルクカレー。カンボジアの主要民族であるクメール人が食べているカレーがベトナム南部に伝えられた。さつまいもが入るのはクメール式なのだとか。また、カレーの相棒はご飯ではなく、バゲットや米麺のブンが定番。じゃがいもを飾り切りにするのがチャンかあさん流だ。

---

## 材料（3～4人分）

鶏肉（骨付きのブツ切り）
… 600～700g

A
- 市販のカレーペースト（※1）
… 大さじ4
- グラニュー糖 … 大さじ1
- 塩 … 大さじ½

B
- じゃがいも（小、花形の飾り切り）
- さつまいも（乱切り）… 各150g

植物油 … 大さじ3

レモングラス（叩いてからブツ切り）
… 2本分

一番搾りのココナッツミルク（※2）
… 200㎖

二番搾りのココナッツミルク（※3）
… 600㎖

C
- 赤わけぎ、にんにく
（それぞれみじん切り）… 各大さじ1

D
- 塩、グラニュー糖 … 各適量

パクチー（ザク切り）… 適量

バゲット … 適量

※1　ベトナムのカレー粉大さじ2、溶かしバター大さじ1、レモングラスチリオイル（84ページ）、アナトーシードオイル各小さじ1で代用可。

※2　ココナッツミルク缶200㎖で代用可

※3　ココナッツミルク缶200㎖＋水400㎖で代用可

## 忍メモ

ココナッツミルクを手搾りするベトナム南部では、長く煮込む際には二番搾り、仕上げのコクづけに一番搾りを使います。

## つくり方

1. 鶏肉にAをもみ込んで15分ほど置く。
2. フライパンに植物油大さじ2を熱し、Bを炒め、水分がとんだら取り出す。
3. フライパンに残りの植物油を熱し、レモングラスを炒め、香りが立ったら取り出す。Cを入れて炒め、半量を煮込み用の鍋に移す。半量のCが残ったフライパンに1の鶏肉を入れて炒め、一番搾りのココナッツミルク大さじ3を加えて香りをつける。
4. 3の煮込み用鍋にレモングラス、炒めた鶏肉、二番搾りのココナッツミルクを入れて火にかけ、沸騰したら弱火で30分ほど煮る。
5. 2のいも類を入れ、火が通ったら残りの一番搾りのココナッツミルクを入れてサッと煮て、Dで調味する。
6. 器に盛ってパクチーを飾り、バゲットを添える。

フランス風の鶏料理

**Gà Roti**

# ロティサリーチキン風 鶏の甘辛焼き

19世紀から続いたフランス統治は、ベトナムの食文化にも大きな影響を与えた。当時、フランスから伝わった料理のひとつがロティサリーチキン。専用のグリルでグルグル回転させて飴色に焼く、鶏の丸焼きである。そんなロティを家庭で再現しようと考えられた鶏料理がこれ。フライパンで焼いてココナッツジュースで煮ると、ツヤツヤの飴色に！ 甘辛い味つけがあとをひく。

## 材料（6人分）

若鶏の骨付きもも肉（小さめ）… 6本

A

- にんにく、赤わけぎ（それぞれみじん切り）… 各大さじ1
- オイスターソース … 大さじ1
- 塩 … 大さじ½
- グラニュー糖 … 小さじ½

ココナッツジュース … 500mℓ

植物油 … 大さじ2

## つくり方

1. 鶏肉の皮目に切り込みを入れる。
2. ボウルにAを混ぜ、1の鶏にからめ、30分ほど置いて下味をつける。
3. 2の鶏肉についている香味野菜や調味料をこそげ落とす（後で使うので捨てない）。フライパンに植物油を入れて熱し、鶏肉を入れて表面をじっくりと焼く。
4. 別の鍋に3でこそげ落としたAと焼いた鶏肉、ココナッツジュースを加えて火にかけ、15分ほどしっかり汁を煮つめる。

鶏肉の皮目を焼いて、こんがりとした焼き色をつける。

## 忍メモ

ここで使った骨付き鶏もも肉はかなり小ぶりなサイズ。日本で出回っている大きめのものを使う場合は、4本で十分です。

海老のだしがじんわり

# Canh rau mồng tơi, rau dền nấu tôm kho

# ツルムラサキとヒユ菜、干し海老の簡単スープ

## 忍メモ

干し海老は現地では安価ですが、日本ではやや値の張る食材。熱湯を加えてから弱火で10分ほど長めに煮てだしを取れば、使う量を半分に減らしても。

干し海老をたっぷり！ 野菜はすぐに火が通るものばかり。

チャンかあさんが「忙しいときの時短レシピよ」とつくってくれたスープがこれ。具材のツルムラサキ、ヒユ菜、へちまは北部の蟹汁に入れる定番の組み合わせ。つまり、干し海老で手軽に蟹汁風のスープをつくっているというわけなのだ。干し海老はすぐにだしがとれて、たっぷり加えれば具材にもなる。ヒユ菜は日本ではなじみがないが、クセがなくて食べやすい青菜だ。

### 材料（3～4人分）

干し海老 … 30g
ツルムラサキ、ヒユ菜 … 合わせて300g
へちま … 小1本
小ねぎ … 3～4本
植物油 … 大さじ2
熱湯 … 800㎖
A
　顆粒スープの素 … 小さじ2
　塩 … 適量
黒こしょう … 適量

---

### つくり方

1. 干し海老は小さめの容器に入れ、かぶるくらいの熱湯（分量外）に5分ほど浸して戻す。海老と戻し汁に分ける。
2. ツルムラサキ、ヒユ菜はザク切りに、へちまは7㎜厚さの半月切りにする。小ねぎは白い部分と青い部分を分け、それぞれ2㎝長さに切る。
3. 鍋に植物油を熱し、1の干し海老、2の小ねぎの白い部分を入れて炒める。香りが立ったら熱湯と1の干し海老の戻し汁を加えてサッと煮て、Aで味を調える。
4. 2のツルムラサキ、ヒユ菜、へちまを入れてサッと煮て完成。器に盛り、2の小ねぎの青い部分をのせ、黒こしょうをふる。

人が集まるときのご馳走！

# Bò nhúng dấm
# 牛肉のお酢しゃぶしゃぶライスペーパー巻き

ベトナムでは、家族や友だちと過ごす週末はライスペーパー料理を楽しむことが多い。チャンかあさんの定番は、お酢を加えた湯で牛肉の薄切りをしゃぶしゃぶしてライスペーパーと野菜で巻くこの料理。お酢には牛肉のくさみを取る効果があるのだ。にんにくと唐辛子の効いたヌックマムダレにつけて食べるのが最高！　みんなの巻く手が止まらない。

**1.** まずは牛肉をココナッツジュースとお酢、レモングラスたっぷりのゆで汁でしゃぶしゃぶ。**2.** ライスペーパーに野菜、なますなどの具材をのせて、さらにしゃぶしゃぶした牛肉をのせる。**3.** 手巻き寿司のようにクルッと巻いたら、タレにつけていただきます！

# 牛肉のお酢しゃぶしゃぶ ライスペーパー巻き

## 材料（4人分）

牛肉（赤身の薄切り）… 300g
玉ねぎ（薄い輪切り）… 小1個分
赤唐辛子（斜め切り）… 適量
添え野菜（リーフレタス、きゅうり、パクチー）、パイナップル、らっきょう漬け、なます（P55）、ブン … 各適量
ライスペーパー（半分に切る）… 適量

〈フライドガーリック＆ガーリックオイル〉
植物油 … 大さじ3
にんにく（みじん切り）… 大さじ1

〈しゃぶしゃぶ用ゆで汁〉
レモングラス（叩いてからブツ切り）… 4本分
ココナッツジュース … 800mℓ
植物油 … 大さじ1

A
赤わけぎ（薄皮をむく）… 5〜6個
酢 … 大さじ4〜5
グラニュー糖 … 大さじ2
塩 … 小さじ½

〈タレ〉
ココナッツジュース … 大さじ4
グラニュー糖 … 大さじ1〜2
ヌックマム … 大さじ2
酢 … 大さじ1
にんにく（みじん切り）、赤唐辛子（みじん切り）… 各適量

---

## つくり方

**1.** 〈フライドガーリック＆ガーリックオイル〉をつくる。フライパンに植物油、にんにくを入れて火にかける。混ぜながら炒め、ほんのり色づいてきたら耐熱容器に移す。フライドガーリックとガーリックオイルに分けておく。

**2.** 〈しゃぶしゃぶ用ゆで汁〉をつくる。卓上用の鍋に植物油を熱し、レモングラスを炒める。香りが立ったらココナッツジュース、Aを加えて煮立たせ、**1**のガーリックとオイルを半量ずつ加える。

**3.** 牛肉に**2**の残りのガーリックとオイルをからめて皿に盛り、玉ねぎの一部と赤唐辛子を散らす。

**4.** 食べやすく切った添え野菜、パイナップル、らっきょう漬け、なますを器に盛り合わせる。残りの玉ねぎ、ライスペーパー、ブンも器に盛る。〈タレ〉の材料を混ぜ、器に入れる。

**5.** 卓上コンロに**2**の鍋をかけ、**3**の牛肉、**4**の具材、ライスペーパー（戻すための水も用意する）、タレを並べれば完成。戻したライスペーパーに野菜をのせ、牛肉をしゃぶしゃぶしてのせ、タレにつけて食べる。

### 忍メモ

現地では牛肉は味がしっかりしている赤身の部分を使うので、日本でつくる場合も手頃な赤身の切り落としなどで十分です。

さっぱりおいしい甘酢漬け

# Đồ chua
# 大根とにんじんのなます

前ページの「牛肉のお酢しゃぶしゃぶ」に登場した「なます」。ベトナムのバゲットサンド「バインミー」などに欠かせない、野菜の甘酢漬けだ。ギザギザの波刃包丁（110ページ）を使って切ると見映えよく仕上がる。北部では青パパイヤが使われることも。

## 材料（つくりやすい分量）

大根、にんじん … 合わせて300g

A

- 酢、水 … 各80mℓ
- 塩 … 大さじ½

B

- 湯 … 200mℓ
- グラニュー糖 … 1カップ
- 酢 … 100mℓ

## つくり方

1. 大根、にんじんは繊維に沿って、波刃包丁で細めの拍子木切りにする。
2. Aをボウルに混ぜ、**1**の大根とにんじんを入れ、30分ほど下漬けする。
3. Bの湯とグラニュー糖を別のボウルで混ぜ合わせて溶かし、酢を加える。**2**の大根とにんじんの汁気をきって入れ、2〜3時間漬ける。

### 忍メモ

切り方は地方によって特色があります。南部ではせん切りや細切り、北部ではいちょう切りがスタンダード。

ベトナムの伝統的な甘味

# Chè bắp
# とうもろこしのチェー

「チェー」とは豆類、芋類、穀類、果実、種実に砂糖を加えて煮たベトナムの伝統的なスイーツ。元祖は温かいものだが、暑い地域で冷やして食べる人が現れ、チェーの種類によっては氷を入れて味わう。チャンかあさんに教わったチェーは、とうもろこしがよくとれる南部から中部の定番。チャンかあさんは、ココナッツミルクともち米を入れる南部風。とうもろこしの甘さがやさしい。

## 材料（4～5人分）

白いもちとうもろこし、黄色いスイートコーン（実を削ぐ）… 各1本分
インディカ米のもち米 … 100g
パンダンリーフ（しばっておく）… 4～5本
一番搾りのココナッツミルク（ココナッツミルク缶で代用可）… 250㎖
グラニュー糖 … 100g
塩 … 少々

A
水 … 大さじ4
タピオカでんぷん粉（片栗粉で代用可）… 小さじ2
グラニュー糖 … 大さじ3
塩 … 小さじ½

## つくり方

1. もち米は洗ってフッ素樹脂加工の鍋に入れ、水400㎖（分量外）を加えて火にかける。ヘラで絶えず混ぜ、やわらかくなるまで煮る。水分が減ったら、水を足す。
2. 1の鍋に2種類のとうもろこし、とうもろこしが浸る量の水（分量外）を入れ、パンダンリーフを加えて煮る。とうもろこしがやわらかくなったら、ココナッツミルク50㎖を加え、グラニュー糖、塩を加えて味を調える。
3. 小鍋に材料のココナッツミルク100㎖、Aを加えて火にかけて、混ぜながら温める。とろみがつき始めたら、残りのココナッツミルクを加えて混ぜ、器に盛った2にかける。

パンダンリーフは独特な甘い香りがする香草。

## 忍メモ

「もちとうもろこし」は「もちきび」とも呼ばれ、日本でも戦前まではよく食べられていた品種。今は手に入りにくいので、スイートコーン２本でつくればOK。

ちょっと一息、豆知識

# ベトナム、台所あるある！

かあさんたちの台所にお邪魔すると、私たちの常識を覆すような、「ベトナムならでは」のモノやコトにたくさん遭遇する。ここでは、そんな「台所あるある」をお届け！

ベトナムの台所にお邪魔して真っ先に気づくのは、あらゆるものが「吊されている」ということ。湿気の多いベトナムでは、カビの原因になる水分は調理道具の大敵。吊すことでカラッと乾かしつつ、収納もできるというわけだ。だから、台所にはたくさんのS字フック！　調理道具だけでなく、市場で買ってきた食材だって吊されている。

ほかにも、かあさんたちの料理の習慣や意外な裏ワザにも、お国柄が見えておもしろい。

## 吊す収納がキホン！

鍋やまな板は基本的に吊す。

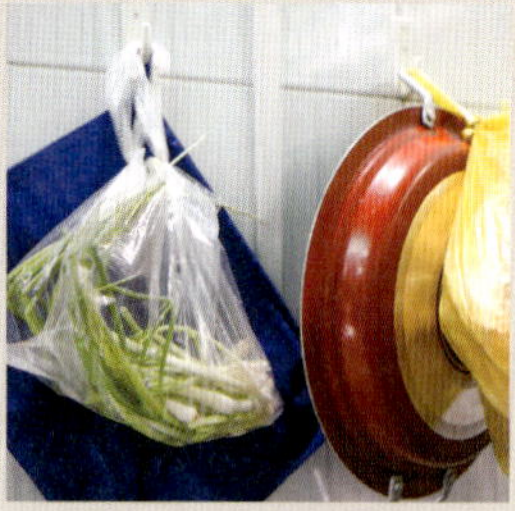

市場で買ってきた空芯菜。

栓抜きやせん切りカッターも。

ハサミだって吊します！

フライパンと焼き網を吊す。

帽子と一緒にバゲットが！

## ほかに、こんな「あるある」！

### 揚げ春巻きはハサミで切る

北部では、揚げ春巻きはハサミでカット！　きれいに切れる。

### 鍋の蓋は壁収納！

蓋は吊せないから、壁にストックしておける専用器具を設置。

### 毎日、ご飯を炊く

日常の主食は、白いご飯。炊飯器はよく床に置かれている。

### 菜箸とヘラの二刀流

炒め物をするときは片手に菜箸、片手にヘラ。よく混ざる。

### レモングラスは床で叩く

かたいものを叩いたり、つぶしたりするときは、床で作業。

### 加熱するトマトは種を取る

半分に切り、ギュッとしぼって種を取る。取らない派もいる。

### 神棚は欠かせない

信心深いベトナム人。どこの家の台所にも守り神がいる。

### カッター付きが流行中

ラップは台所の必須アイテム。カッター付きはとても便利！

### 古着を足拭きマットに

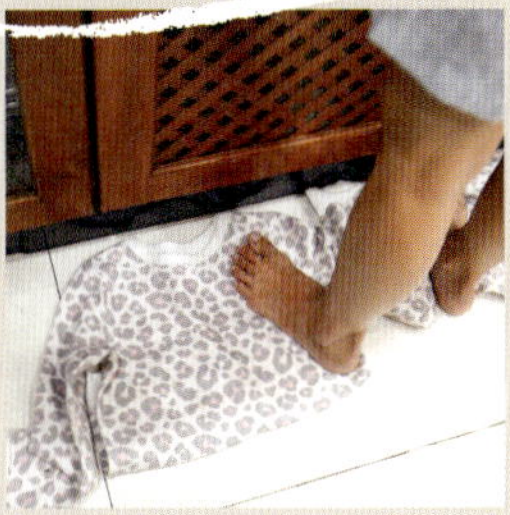

ぞうきんの代わりにも？　かあさんたちは古着を有効活用。

## 4世帯で暮らす大家族の料理番

# チャーンかあさん

ホーチミン市のゴーヴァップ区は、空港にほど近い下町エリア。バイクがブンブン通り抜けるローカルな青空市場を通り過ぎ、ベトナム南部で「ヘム」と呼ばれる狭い路地を入っていく。庶民的な住宅街の一角に、チャーンかあさんの一族が暮らす4階建ての白い建物はあった。

玄関には何台ものバイク。ベトナムの暮らしに欠かせない交通手段だ。その先には、何台ものミシン、そして山のように積まれた洋服の生地、生地、生地！　チャーンかあさんは自宅で縫製業を営みながら毎日、自分の家族に加えて、ひとつ屋根の下に一緒に暮らしている自分の両親、弟一家、妹一家という、総勢14人の大家族のご飯をつくっているのだそうだ。

でも、キッチンの食卓のテーブルは4人掛け。いったい、どうやって大勢で食事をしているのだろう？

「みんな仕事や学校があるから、それぞれが勝手にやってきて、好きな時間にご飯を食べるの」

つまり、大家族の食卓は食堂システムというわけだ。この日は珍しく、チャーンかあさんの夫のトォさんと、ふたりの息子であるトゥンくんとティンロックくんも揃っていたから、4人で食卓についてもらった。みんな、かあさんの料理が大好きだから、やっぱりうれしそうだ。食べ盛りのお兄ちゃんはいつも、大きな茶碗にご飯を山盛りにして、丼スタイルで食べるのだそう。

そうするうちに、チャーンかあさんのお父さんが2階から降りてきた。茶碗にたっぷりご飯をよそって、おかずをのせると、それを持って外に置いてあるリクライニングチェアに座って、ひとりでオープンエアのお昼ご飯。すると、今度は弟さんがやってきて「今日は蛙の煮物が食べたい」とキッチン

自宅で縫製業を営むチャーンかあさん。この日に着ていた服も、自分で縫ったストライプのホームウェア。台所とミシンを行ったり来たりの毎日。

1. フォー屋さん？　いえいえ、ここがチャーンかあさんの家。自宅の軒先をお店として貸すことは、ベトナムではそう珍しいことではない。2. キッチンはオール電化で、近代的なIHのコンロ。3. お邪魔したのは旧正月のテト前。らっきょう漬けは、正月の支度に欠かせない。

に立ち、追加の一品をつくり始める。家族それぞれが本当にマイペースったらありゃしない！

それにしても、一家14人の食事の支度を担うチャーンかあさんの手際のよさはすばらしい。料理をしながら同時進行で片づけて、あっという間に仕上げてしまう。

こんなに料理上手なのに、24歳で結婚するまで料理をまったくしたことがなかったというから驚く。それどころか、市場で食材の買い物もしたことがなかったのだとか！　ずっと縫製工場で働いていたから、結婚後も仕事を抱えながら、がんばって料理を覚えた。自分の母親はもちろん、友だちに教わったり、料理の本を読んだり。きっとセンスがあったのだろう、どんどん腕が磨かれていった。

転機は30歳のときに訪れた。子ども

6

7

4

8

4. 食卓に並んだのは、家族の大好物ばかり。5. 一緒に暮らしているチャーンかあさんのお父さん。いつも好きなときに2階から降りてきて、気ままにひとりで食事する。6. 長男のトゥンくんは育ち盛りの高校生。大きな丼にご飯たっぷり！ 7. 食後のスイカ。ベトナムでは定番の切り方だ。8. この日は、チャーンかあさんの家族4人が全員揃った。それぞれ仕事や学校で忙しく、なかなか一緒にご飯が食べられないという。

1. 愛用のミシンは年季が入っている。2. 同居しているチャーンかあさんの妹は、女の子を出産したばかり。6か月になる姪っ子の愛称は「ホワイタイ(じゃがいも)」ちゃん。ベトナムでは、赤ちゃんに必ず愛称をつけるのだそう。3. 自分でデザインを考えてつくった洋服は、オリジナルのブランドタグを付けて販売。4. チャーンかあさんが縫ったお気に入りのパジャマはキュートなクマ柄！ 5. 大家族のげた箱は靴がギュウギュウ詰め。

1

3

2

5

4

が生まれて工場勤めが難しくなり、独立して自宅で縫製の仕事を請け負うようになったのだ。お針子さんたちを雇い、大勢のご飯をつくるようになった。

この日に家にいた家族が全員集合して記念撮影！　ここにチャーンかあさんの弟とお父さんを入れて、総勢４世帯14人が一緒に楽しく暮らしている。みんなとっても仲良し！

時を経て、お針子さんたちを雇うのをやめたのを機に、４年前に両親ときょうだい一家がやってきて一緒に住み始めた。ベトナムでは、奥さんの家族との同居は、けっして珍しいことではないらしい。それにしても大家族のご飯をつくらなければならないのは、ものすごく大変そうだ。

「毎日疲れるわ。でも、家族が大勢いるのって、にぎやかで楽しいし、みんながおいしいって食べてくれるのはすごくうれしいこと！　今では家族だけじゃなくて、友だちまで食べに来ちゃうくらい（笑）」

　料理に特別なこだわりはないけれど、家族が好きな味つけになるように、いつも考えているというチャーンかあさん。家でご飯を食べながら、その日にどんな出来事があったかを報告し合うのが、毎日の楽しみなのだ。

生ピーナッツがたっぷり！

# Canh bí đỏ đậu phộng
# カボチャとピーナッツのスープ

ホクホクのカボチャ、ほんのり香ばしい生ピーナッツをコトコト煮込んだ、食べごたえのあるスープ。この組み合わせはいかにもベトナム南部！ どちらも地元で多く栽培されている特産品なのだ。家庭によってはココナッツミルクを加えることもあるが、チャーンかあさんのレシピはシンプル。にんにくなどのすりつぶした香味野菜を最初に炒めるのがポイントだ。

**材料**（4人分）

かぼちゃ … ¼個
生ピーナッツ（ゆでたもの）… ⅔カップ
小ねぎ … 4本
赤わけぎ … 2個
にんにく … 2片
香草
（ノコギリコリアンダー、ラウオム）… 各適量

植物油 … 大さじ2
水 … 800mℓ
A
塩、グラニュー糖、
顆粒スープの素 … 各適量

---

## つくり方

1. カボチャは種とワタ、皮を除き、3cm角に切る。小ねぎは青い部分を2cm長さのザク切りにする。
2. 小ねぎの白い部分は、赤わけぎ、にんにくと一緒にすり鉢でつぶしておく。香草は細かく刻む。
3. 鍋に植物油を入れて熱し、**2** のすりつぶした香味野菜を入れて炒める。香りが立ったら、水とピーナッツを入れて強火にする。沸騰したら火を弱めてアクを取り、そのまま煮る。
4. ピーナッツがやわらかくなったら、**1** のカボチャを入れ、火が通ったらAで調味する。器に盛り、**2** の香草を散らす。

生ピーナッツは、南部では手軽に手に入る食材。ボウルの香草は、長い葉がノコギリコリアンダー、小さい葉がラウオム。

## 忍メモ

生ピーナッツが手に入らない場合は、炒ったピーナッツを熱湯に１～２時間浸し、ふやかしてから使ってください。

爽やかな甘味と香りの煮魚

## Cá ngừ kho thơm

# 鰹のパイナップル煮

ベトナムで鰹《かつお》を使った料理は、ダナンやフエのある中部地方で食べられている。この料理も、両親がフエ出身のチャーンかあさんらしい一品だ。鰹は日本で見かけるサイズよりも小ぶりなので、筒切りにして料理することが多い。完熟のパイナップルと一緒に煮ることで、果物のやさしい甘味や旨味、香りが加わって、くさみも消え、新しくて豊かなおいしさが生まれる。

## 材料 (4～5人分)

鰹 (筒切り) … 600～800g
小ねぎ … 3～4本
赤わけぎ … 3個
パイナップル (薄切り) … 150g

A
- ヌックマム … 大さじ4
- グラニュー糖 … 大さじ1
- 黒こしょう … 少々
- ココナッツカラメル (省いても可) … 小さじ1

B
- にんにく (みじん切り) … 小さじ2
- 赤唐辛子 (ザク切り) … 適量

C
- ヌックマム、グラニュー糖 … 各適量

D
- パクチー (ザク切り) … 適量
- 赤唐辛子 (斜め切り) … 1～2本分

---

## つくり方

1. 鰹は水洗いして血を洗い流し、水気を拭く。フライパンの中で、小ねぎの白い部分と赤わけぎ (一緒にすり鉢でつぶしたもの)、Aを鰹にもみ込み、10分ほど置いて下味をつける。
2. 1の鰹に半分より少し多めに浸るくらいの水 (分量外) を注ぎ、20分ほど煮る。途中で天地を返す。
3. 2にパイナップルを加えて、さらに10分ほど煮る (煮詰まったら水を足す)。Bを加えてサッと煮たら、Cで味を調える。小ねぎの青い部分のザク切りを加えて火を止める。
4. 器に盛り、Dを散らす。

### 忍メモ

日本でつくる場合は、手に入れやすい刺身用の鰹、鯖の筒切りで代用しても。

鰹に下味をつけてから煮る。ベトナムでは筒切りが定番。

### 忍メモ

白いご飯にそのままかけて食べることも。日本では値の張る干し海老は、少し量を減らしてつくってもおいしくできます。

旨味をギュッと凝縮！

# Rau củ thập cẩm luộc chấm nước mắm kho quẹt

# ゆで野菜の海老、豚入り煮つめヌックマムダレ

じつはこの料理、貧しかった時代にヌックマムとグラニュー糖を煮つめて白いご飯にかけて食べていたという、貧乏めしがルーツ。今ではそれが進化して、旨味たっぷりの干し海老と豚肉の脂身を加えてつくるようになった。甘辛味で野菜にとてもよく合う。ベトナム語の料理名にある「quẹt」という単語の意味は「こする、ぬぐう」。最後までしつこくぬぐって食べ続けたくなる味なのだ。

## 材料（つくりやすい分量）

好みのゆで野菜（ブロッコリー、ゴーヤ、オクラ、チンゲン菜、冬瓜など）… 各適量

〈煮つめヌックマムダレ〉

豚バラ肉（ブロック）… 100g

干し海老 … 50g

植物油 … 大さじ２

にんにく、赤わけぎ（それぞれみじん切り）…各大さじ１

A

ヌックマム、グラニュー糖 … 各大さじ３

水 … 大さじ２

赤唐辛子（輪切り）… １～２本

## つくり方

1. 豚肉を鍋に入れ、かぶるくらいの水（分量外）を注いで火にかける。沸騰したら弱火にし、火が通ったら取り出してサッと水で洗う。水気をふき、干し海老と同じ太さに切る。
2. 干し海老はサッと洗っておく。
3. 鍋に植物油を熱し、にんにくと赤わけぎを入れて炒める。香りが立ったら、1のゆでた豚肉を加えて炒める。豚肉が温まったら、2の干し海老を炒め、海老の香りが立ったら、取り出す。
4. 3の空いた鍋にAを入れて火にかけ、煮つめる。煮汁にとろみがついてきたら、3の豚肉と干し海老を戻し入れ、赤唐辛子も加えてサッと煮たら、タレの完成。ゆで野菜に添える。

ヌックマムと干し海老、豚肉を耐熱の土鍋で一緒に煮ると、旨味が渾然一体となる。

あっさりやさしい味

# Bánh canh cá lóc
# 雷魚の汁米麺

現地では「バインカン」と呼ばれている、米やタピオカ粉からつくられる汁ありの麺料理で、ベトナム南部から中部で食べられている。日本の「うどん」がそうであるように、バインカンも地域によって麺の粉の配合やスープの材料はさまざま。チャーンかあさんがつくるバインカンは、雷魚の淡泊な旨味がやさしい。

---

**材料**（4～5人分）

バインカン
（生麺、ゆでうどんで代用可）… 1kg前後
雷魚（白身魚の切り身で代用可）
… 500g
水 … 1.5ℓ
赤わけぎ … 2個
小ねぎ … 2～3本
玉ねぎ … 小1個
ラウラム … 少々
植物油 … 大さじ2
黒こしょう … 適量

A
ヌックマム … 小さじ2
グラニュー糖 … 小さじ½

B
顆粒スープの素 … 大さじ1
塩…適量
グラニュー糖 … ひとつまみ

## 忍メモ

日本でつくる場合は「うどん」で代用してください。冷凍や冷蔵のゆでうどんで細めのものが、このレシピのバインカンの麺の食感に近いです。

## つくり方

1. 雷魚は下処理（鱗や内臓を除く）してよく洗い、分量の水と共に鍋に入れて火にかけ、ゆでる。火が通ったら取り出して冷まし、身を粗くほぐす。ゆで汁はスープに使うので捨てない。
2. 赤わけぎと小ねぎの白い部分はすり鉢でつぶしておく。
3. 小ねぎの青い部分とラウラムはザク切りに、玉ねぎは薄切りにする。
4. フライパンに植物油を熱して**2**を炒める。香りが立ってきたら**1**の雷魚のほぐし身を入れて炒めて水気をとばし、Aで味つけする。
5. **1**の鍋のゆで汁に**4**を入れ、Bで味を調える。
6. 別の鍋に**5**のスープと生バインカンを1人分ずつ入れ、火にかける。麺に火が通ったら器に盛り、**3**の薬味を散らして黒こしょうをふる。魚のつけダレとして、刻んだ赤唐辛子を入れたヌックマム（分量外）を添える。

甘辛く炒めた牛肉がたっぷり

## Xà lách trộn bò trứng

# 牛肉とゆで卵のサラダ

ベトナムで生野菜のサラダがよく食べられるようになったのは、フランス統治時代の影響が大きいという。ボリュームたっぷりのこのサラダは、サラダ菜やトマトに、甘辛く味つけして炒めた牛肉とゆで卵をのせるだけで、手早くつくれる一皿。ベースの野菜はなんでもOK！ レタスにクレソンや春菊の葉を混ぜたりしても、香りがよくなっておいしい。

### 材料（つくりやすい分量）

牛薄切り肉（赤身）… 200g

A
- ベトナム醤油 … 大さじ1
- グラニュー糖 … 小さじ1
- 黒こしょう … 小さじ⅓

サラダ菜（ちぎる）… 1株分

トマト（スライス）… 小2個分

ゆで卵（4等分に切る）… 2個分

B
- にんにく、赤わけぎ、小ねぎの白い部分（それぞれみじん切り）… 各小さじ2

玉ねぎ（くし形切りにしてほぐす）… ¼個分

植物油 … 大さじ3

パクチー … 適量

フレンチドレッシング（市販）… 適量

---

### つくり方

1. 牛肉はひと口大に切ってAで下味をつける。
2. 皿にサラダ菜、トマト、ゆで卵を盛りつける。
3. フライパンに植物油を熱してBを炒め、香りが立ったら**1**の牛肉を炒める。火が通ったら、玉ねぎを加えてサッと炒めて、火を止める。
4. **3**をフライパンに出た汁ごと、**2**にかける。パクチーを散らし、フレンチドレッシングをかける。

### 忍メモ

牛肉を炒めた汁ごと野菜にかけることで、ドレッシングの役割も果たしています。フレンチドレッシングは、味が足りない分を少量だけかけて。

チャーンかあさんお気に入りのフレンチドレッシングは、唐辛子入りでちょっとピリ辛。

ベトナムのザ・お袋の味

# Đậu hũ nhồi thịt sốt cà

# 揚げ豆腐の肉詰めトマトソース煮

揚げ豆腐をくり抜いて旨味たっぷりのひき肉を詰め込んで煮込む。じゅわっとしみこんだトマトソースがたまらない！　南北問わず、ベトナム全土で愛されているザ・お袋の味だというのもうなずける。豆腐はもちろんのこと、日本の厚揚げに似ている揚げ豆腐は、庶民の食卓に欠かせない食材だ。ただし、ベトナムでは豆腐を生で食べる習慣はなく、必ず加熱調理して使う。

## 材料（つくりやすい分量）

- 揚げ豆腐（厚揚げで代用可）… 3枚
- 豚ひき肉（赤身）… 200g
- トマト（1cm角に切る）… 2個分
- 小ねぎ … 2〜3本
- にんにく … 1片
- 植物油 … 大さじ3

A
- 塩 … 小さじ½
- グラニュー糖 … ひとつまみ
- 黒こしょう … 少々
- 油 … 小さじ1

B
- 水 … 200mℓ
- ベトナム醤油 … 大さじ1
- グラニュー糖 … 小さじ2

パクチー（ザク切り）… 適量

## つくり方

1. 揚げ豆腐は半分に切る。中身の白い部分をスプーンでくり抜き、つぶす。
2. 小ねぎの青い部分は1cm長さのザク切り、白い部分はにんにくと共にすり鉢でつぶしておく。
3. ボウルに豚ひき肉、**1**のつぶした豆腐、**2**の小ねぎの青い部分、Aを入れて混ぜ、**1**の揚げ豆腐に詰める。
4. フライパンに植物油を熱し、**3**を入れて表面を焼き、一度取り出す。
5. **4**のフライパンに**2**ですりつぶした小ねぎとにんにくを入れて炒め、香りが立ったらトマトを入れて炒める。Bを加えてサッと煮る。
6. **5**に**4**を入れ、汁気が少なくなるまで煮る。器に盛り、パクチーを飾る。

くり抜いたところに、ひき肉ダネを詰め込む。

## 忍メモ

ひき肉ダネが余ったら、丸めて団子にして、豆腐といっしょに焼いてから煮てください。

複雑な酸味が深い味

## Canh chua cá lóc

# 雷魚の酸っぱいスープ

ベトナム語では「カインチュアカーロック」。南部の人々が大好きなソウルフードのスープだ。定番の具材は雷魚のほか、トマト、パイナップル、オクラ、ハス芋、もやし。香草はノコギリコリアンダーとラウオムと決まっている。おいしさの決め手は複雑な酸味だ。トマトやパイナップルに、タマリンドの酸味も加わる。この甘酸っぱさが、食欲をかき立てるのだ。

## 材料（4人分）

雷魚の頭と尾（白身魚の切り身で代用可）… 1尾分（300g）

タマリンド … 50g

トマト（くし形切り）… 2個分

パイナップル（薄切り）… 100g

オクラ（斜め切り）… 6本分

ハス芋（薄皮をむいて斜め切り）… 1本分

もやし（ひげ根を取る）… 80g

赤わけぎ … 4個

小ねぎ … 4本

香草（ノコギリコリアンダー、ラウオムを細かく刻む）… 各適量

赤唐辛子（斜め切り）… 適量

水 … 800㎖

植物油 … 大さじ2

ヌックマム … 小さじ1

A

- 塩 … 小さじ⅓
- 黒こしょう … 少々

B

- グラニュー糖 … 大さじ2〜（好みで増やす）
- ヌックマム … 適量

---

## つくり方

1. タマリンドはひたひたの湯でふやかし、冷めたらもんで果肉を溶かし、ザルで濾す。
2. 赤わけぎと小ねぎの白い部分をすり鉢でつぶす。
3. 雷魚は下処理（鱗、内臓を除く）して洗い、**2**の半量、Aをもみ込み、10分ほど置く。
4. 鍋に植物油を熱し、残りの**2**を炒める。香りが立ったら、⅓量のトマトを炒め、ヌックマムを入れる。
5. **4**の鍋に水と**3**の雷魚を加えて強火にし、煮立ったら火を弱め、アクを取る。魚に火が通ったら、残りのトマトとパイナップルを加えて4〜5分煮て、甘味と酸味を出す。
6. **1**をスープに酸味がつくまで適量加え、Bで味を調える。オクラ、ハス芋、もやしを順に加えて、サッと煮たら完成。器に盛り、小ねぎの青い部分のザク切りと香草、赤唐辛子を散らす。魚のつけダレとして刻んだ赤唐辛子を入れたヌックマム（分量外）も添える。

### 忍メモ

タマリンドはスープの酸味づけのほか、生春巻きの味噌ダレの隠し味に加えたり、グラニュー糖を加えて甘酸っぱいソースをつくって蟹や海老と炒めるのに使ったりします。

ベトナム中部・フエ発祥の伝統的な麺料理だ。味のポイントとなっているのが「マムルック」という、オキアミを塩漬けにしてつくる発酵調味料。フエやその周辺地域でよく使われる名物調味料で、独特の旨味と風味があり、牛肉でとったスープをさらに深い味にしてくれる。レモングラスもたっぷり効かせているので、濃厚さの中に爽やかな味わいがある。

## 材料（4人分）

牛肩バラ肉（ブロック）… 500g

水 … 2.4ℓ

レモングラス … 3本

太ブン（ゆで米麺）… 1kg 前後
（乾麺の場合は1人分 80〜100gをゆでる）

A
- マムルック … 大さじ1½
- 塩 … 大さじ1前後
- グラニュー糖 … 小さじ2
- アナトーシードオイル（省いても可）… 適量
- レモングラスチリオイル（P84）… 適量

〈トッピング〉

玉ねぎ（スライス）… 適量

パクチー、小ねぎ、ラウラム
（それぞれザク切り）… 各適量

〈添え野菜と調味料〉

サラダ菜、もやし、バナナの花の蕾、バジル、ヌックマム、マムルック、レモングラスチリオイル、ライム、赤唐辛子 … 各適量

---

## つくり方

1. 牛肉は水洗いしてから鍋に入れ、分量の水を入れて火にかける。沸騰したら火を弱めてアクを取り、弱火で1時間ほどゆでる（ゆで汁は⅔に煮つまる）。牛肉がゆで汁に浸った状態のまま、粗熱が取れるまで置く。
2. 1の牛肉を取り出し、繊維を断つように薄切りにする。
3. 1のゆで汁に、叩いてからブツ切りにしたレモングラスを入れ、5分ほど煮る。Aで味つけする。
4. ブンは1人分ずつ沸騰した湯にサッとくぐらせて温め、湯を切って器に盛る。3のスープを注ぎ、2の牛肉、〈トッピング〉をのせる。〈添え野菜と調味料〉を好みで加えて食べる。

これがマムルック。オキアミの発酵した旨味が濃縮されている。

フエの伝統的な牛汁麺

# Bún bò Huế

# ブンボーフエ

忍メモ

フエではかつて、この麺料理には太いブンを使っていましたが、今は細いブンが主流。でも、ホーチミンでは昔の名残で、太いブンが使われています。日本では乾麺が手に入ります。

レモングラスでつくるラー油!?

# Ớt sa tế
# レモングラスチリオイル

82ページの「ブンボーフエ」に必ず添えられる調味料で、南部では「サテ」という名称で呼ばれる。家庭で手軽につくられている、レモングラスと唐辛子たっぷりのラー油といったところだろうか。麺に入れるだけでなく、炒め物に加えたり、チャーハンに混ぜたり、ドレッシングにちょい足ししても、爽やかな香りと辛さが加わって食欲をかき立てる。とにかく使える調味料なのだ。

## 材料（つくりやすい分量）

レモングラス（みじん切り）… 2本分
にんにく（みじん切り）… 1片分
赤わけぎ（みじん切り）… 1個分
植物油 … 大さじ3
乾燥唐辛子（チャンク）… 大さじ1

---

## つくり方

1. フライパンにレモングラスを入れて火にかけ、乾煎りする。
2. 香りが立ってきたら植物油を入れて炒め、しんなりしてきたらにんにくと赤わけぎを加えて炒める。再びしんなりしたら火を止めて、30秒ほど経ってから唐辛子を加えて混ぜる。冷ましてから、瓶などで保存する。

## 忍メモ

唐辛子は一味唐辛子小さじ2で代用し、赤わけぎは省いてもつくれます。レシピの油の量を2倍に増やしてつくれば、レモングラスをしっかりオイルに浸して保存できるので、日持ちしやすくなります。

材料はシンプル。赤わけぎとにんにくは、レモングラスと同じくらい細かいみじん切りに。

唐辛子は焦げやすいので、火を止めてから混ぜる。

NHAN
Y NINH

345/43
BÁN CÁT TRO THAY
TIÊU SỌ XAY MUỐI
JOTUN

## ひたすら料理を<br>つくっているのが幸せ

# ホアかあさん

ホーチミン市の郊外に、旦那さん、娘のトゥイさんファミリーと5人で暮らすホアかあさんは、地域でも有名な料理上手。知り合いにその腕を見込まれて、50人のパーティー料理をひとりでつくったこともあるほど。

　ついには3年前から、自宅でオリジナルの手づくり食品の販売をスタート。冷凍の揚げ春巻きや、きくらげや豚の耳がたっぷり入ったベトナムのハム、韓国キムチなどの漬物。特に人気が高いのは、自家製ヨーグルトとココナッツゼリー！　近所の人はもちろん、評判を聞きつけた人が遠くから買いにくることもある。

　といっても、店舗を設けているわけではなく、ベトナムで今、大流行中の「フェイスブック販売」をしているのだ。ベトナムでユーザーの多いSNS、フェイスブックで予約注文を受け付け、自宅まで商品を取りに来てもらうというスタイル。なかなか日本にはない商売のやり方だが、ベトナムでは今、こんなビジネスがとても増えている。

　そんなホアかあさんの台所をさっそくのぞいてみたところ、びっくりするほどコンパクトだ。むしろ、商売をやっている人にしては狭いといってもいいくらい。

「広い必要はないわ。だって、使いたい道具は、手をのばせばすぐに届くところにあるの。だからとっても使いやすいわよ」

　料理をつくり始めると、手際の良さが、よくわかる。火のまわりにはいつも台布巾が置いてあり、油がハネたらサッと拭く。使った道具はすぐに洗うから、シンクに洗い物を溜め込むことがない。仕事がきれいだ。

　日々の食事も、コトコト煮込むスープから先につくって、メイン料理と炒め物はあとから仕上げる。この日は取

颯爽と買い物に出かけるホアかあさん。「食べることより、つくることが好き」という根っからの料理オタク！

ホアかあさんの台所はとてもコンパクト。手の届くところにすべての調理道具がある。

材のためにたくさんの料理をお願いしていたが、段取りに迷いがないから、できあがるのが早い。

淡くて上品なだしが出る、豚のしっぽを使ったスープはホアかあさんの得意料理だ。生まれも育ちも南部のホーチミンだけれど、北部出身の旦那さんの郷土料理もつくるし、中部のフエ風の漬物や韓国キムチだってお手のもの。

どこで腕を磨いたのか聞いてみると、こんな答えが返ってきた。

「自分でいろいろと研究してきたわ。料理番組も料理雑誌も好きでよく見てます。でも、もともと私の母はとっても料理上手だったの。厳しい人だったから、片付けながら料理をすることを7、8歳のころから徹底的に教えられてきたわ。だから、料理の基本や味つけのやり方は、全部母から受け継いだものなのよ」

そんなホアかあさんに手づくり食品を販売することをすすめたのは、娘のトゥイさんだった。じつは彼女、この日は出産の10日後にもかかわらず、ホア母さんのアシスタントとして忙しく手伝っていた。とても美人なお嬢さん

**1.** 広い作業場は必要ない。シンクのふちにまな板を置いて、ササッと野菜を切る。**2.** ベトナムの台所は、どこの家庭にも神棚がある。**3.** 居間には大きな冷凍庫！　冷凍の春巻きや腸詰め、漬物などがぎっしり。「オリジナルラベルをつけて売っているのよ」。**4.** 冷蔵庫は、自慢の「ココナッツ寒天」（106ページ）でいっぱい！「ホアさんの台所」というブランドで販売している。

娘のトゥイさん一家と同居しているホアかあさん。
この日は、妹のトゥイニュンさんや親戚の子もやってきた。みんなで一緒に食べるご飯はおいしい！

だと思ったら、女優や司会者としてテレビで活躍しているタレントさん。この母にしてこの娘あり、バイタリティがあるわけだ。いつしかトゥイさんにとって、かあさんのプロデュースもやりがいのある仕事のひとつになった。フェイスブックの営業はぜんぶ、トゥイさんの仕事だ。ホーチミンの有名なデリのお店「ニューラン」の名前をあげて、「いつか母も、あんなお店を開けたらいいなって思ってます！」と、夢を膨らませている。

といっても、ホアかあさんはいたって商売っ気なし！　儲けようなんていう気持ちはまったくなく、「料理が大好き。つくっているときがいちばん楽しいのよ」と話してくれた。

「好きこそものの上手なれ」とは、ホアかあさんのためにあるような言葉かもしれない。

**1.** 食後の果物はスターフルーツ。唐辛子入りの塩をつけて食べる。**2.** かあさんの自慢の娘、トゥイさんは芸能界で活躍している。雑誌のインタビュー記事を見せてくれた。**3.** スターフルーツは、トゥイさんの夫のロックさんが、玄関先にある木からもいできてくれたもの。暑い南部では、そこかしこに果物がなっている。

あっさり上品な味わい

## Canh dưa leo nấu đuôi heo

## きゅうりと豚のしっぽのスープ

メイン級の食べごたえ

## Đậu cove xào lá mía heo

## さやいんげんと豚モツの炒め物

爽やかな香ばしさ！

## Cá hương chiên sả

# イトヨリの
# レモングラス風味揚げ

ホアかあさんがつくる日々のご飯は必ず、「主菜・副菜・スープ」で成り立つ。主菜は「イトヨリのレモングラス風味揚げ」。定番の家庭料理で、市場で味つけした魚も売られている。副菜の「さやいんげんと豚モツの炒め物」は自家製ラードで炒め、コクのある味に仕上げていたのはさすが。「きゅうりと豚のしっぽのスープ」は、しっぽを煮込んだ上品な旨味ときゅうりの淡い味わいが相性抜群。じつは、「得意料理は？」と聞くと、豚のしっぽ料理尽くしだったのだ。

## きゅうりと豚のしっぽのスープ

### 材料 (4人分)

きゅうり … 600g
豚のしっぽ (ブツ切り) … 600g (2本)
にんにく (みじん切り) … 大さじ1
水 … 1ℓ
小ねぎ (ザク切り) … 2～3本
パクチー (ザク切り) … 適量
植物油 … 大さじ2
塩、黒こしょう … 各適量

### つくり方

1. きゅうりは縦半分に切って、スプーンで種をくり抜いて取り、ブツ切りにする。
2. 鍋に植物油を入れて熱し、にんにくを炒める。香りが立ったら、豚のしっぽを炒め、表面に火が通ったら塩小さじ1を加えてさらに炒める。
3. 2の鍋に水を加えて強火にし、沸騰したら火を弱めてアクを取り、しっぽがやわらかくなるまで煮込む。
4. 1のきゅうりを加えてさらに煮る。きゅうりが好みのかたさに火が通ったら、塩と黒こしょうで味を調える。
5. 器に盛り、小ねぎとパクチーを散らす。しっぽのつけダレとして、刻んだ赤唐辛子を入れたヌックマム (分量外) を添える。

### 忍メモ

日本では豚のしっぽはあまり出回っていないので、豚足で代用すると近い味に。豚のスペアリブを使っても手軽。

にんにくと一緒に豚のしっぽを炒めてから煮込む。

# さやいんげんと豚モツの炒め物

### 材料（4人分）

さやいんげん（斜め切り）… 250g
豚の脾臓（レバーで代用可）… 150g
チャイニーズセロリ
（ザク切り、西洋セロリの葉で代用可）… 4～5本
小ねぎ（ザク切り）… 2～3本
にんにく（みじん切り）… 大さじ1
ラード … 大さじ2
A
　塩 … 小さじ¼
　グラニュー糖 … ひとつまみ
塩、黒こしょう … 各適量

### つくり方

1. 豚の脾臓はひと口大に切る。
2. フライパンにラードを熱し、にんにくを炒める。香りが立ったら、1の脾臓を入れて炒め、Aで調味する。
3. さやいんげんを加えてさらに炒め、火が通ったら塩、黒こしょうで味つけする。チャイニーズセロリと小ねぎを加え、サッと混ぜたら火を止める。

### 忍メモ

豚の脾臓はモツ焼き屋さんなどで「チレ」と呼ばれますが、日本では手に入れにくい部位。見た目と食感が似ているレバーのほか、ハツで代用しても。

にんにくの香りを油に移してから、豚の脾臓を入れて炒める。

# イトヨリのレモングラス風味揚げ

### 材料（4人分）

イトヨリ … 小4尾
レモングラス（みじん切り）… 5本分
塩 … 小さじ1½
ターメリックパウダー … 小さじ1
植物油…適量

### つくり方

1. イトヨリはエラやワタを除いて洗って水気を拭き、飾り包丁を入れる。
2. ボウルにレモングラス、塩、ターメリックパウダーを混ぜる。1のイトヨリにまぶし、30分ほど置く。
3. フライパンに1cmの高さまで植物油を注いで熱し、2のイトヨリを入れて、両面を揚げ焼きにする。
4. こんがりと色づいて身に火が通ったら、イトヨリを取り出して油をきる。油の中に散ってカリカリに揚がったレモングラスも網ですくい、油をきる。器にイトヨリを盛りつけ、カリカリのレモングラスをのせる。

### 忍メモ

この料理にはイトヨリがよく使われます。鰺や鰯などの青魚、鯛や鰆の切り身などでも美味。

漬物の発酵の旨味たっぷり

# Canh củ cải muối hầm giò heo

# 塩漬け干し大根と豚足のスープ

甘辛い味つけがあとをひく

# Cá hú kho

# 魚の煮つけ

ホアかあさんのもうひとつの献立の主菜は、これまた家庭料理の定番「魚の煮つけ」。雷魚でつくることが多いが、「カーフー」という、金目鯛のような脂ののった魚でつくってくれた。副菜として生野菜と香草もたっぷり添えて、魚の甘辛い煮汁に野菜をからめて食べるのがおもしろい。「塩漬け干し大根と豚足のスープ」は具だくさん。豚足の淡くて深い旨味、塩漬け干し大根の発酵の旨味、干ししいたけの乾物の旨味……まさにおいしさの三重奏。

## 塩漬け干し大根と豚足のスープ

**材料**（5～6人分）

塩漬け干し大根
（斜め切り、ザーサイ漬けの塊などで代用可）
… 400g
豚足（ブツ切り）… 1.2kg
干ししいたけ（戻しておく）… 50g
水 … 2ℓ
にんにく（みじん切り）… 大さじ1
パクチー（ザク切り）… 適量
植物油 … 大さじ2
塩、グラニュー糖 … 各適量

---

### つくり方

1. 鍋に植物油を熱してにんにくを炒め、香りが立ってきたら豚足を入れて炒める。
2. 1の鍋に塩小さじ1、グラニュー糖小さじ½を入れてさらに炒め、水、塩漬け干し大根、干ししいたけを加える。沸騰したら弱火にしてアクを取る。
3. 2の豚足がやわらかくなるまで1時間半ほど煮たら、塩で味を調える。器に盛り、パクチーを飾る。魚のつけダレとして、赤唐辛子を入れたヌックマム（分量外）を添える。

### 忍メモ

塩漬け干し大根は、スープに発酵の風味と旨味を加えるために入れます。日本では手に入りにくいので、ザーサイ漬けの塊を切って使うか、高菜の漬物を軽く塩抜きして使ってみて。

これが塩漬け干し大根。まるでたくあんのような見た目だ。

# 魚の煮つけ

## 材料（4～5人分）

カーフー
（金目鯛、きんき、めばる、むつなどで代用可）
… 1尾

にんにく（みじん切り）… 大さじ1

ココナッツジュース … 300mℓ

赤唐辛子 … 4～5本

グラニュー糖 … 大さじ1 ½

A

ヌックマム、グラニュー糖 … 各大さじ3

B

ヌックマム、グラニュー糖 … 各適量
黒こしょう … 小さじ ½

〈生野菜と香草〉
リーフレタス、パクチー、
バジル、シソ、もやし … 各適量

---

## つくり方

1. カーフーは下処理（鱗や内臓を除く）して、腹の脂は取り分けておく。
2. フライパンに1のカーフーの脂を入れて火にかけ、溶かす（油大さじ2で代用可）。グラニュー糖を入れてさらに加熱し、カラメル化してきたらにんにくを入れ、手早く混ぜる。
3. 2にカーフーとAを入れ、魚にしっかり調味料をからめる。
4. 3にココナッツジュースを注ぎ、魚がかぶるぐらいの水（分量外）と赤唐辛子を加える。沸騰したら火を弱め、煮汁の味見をしてBで調整する。10分ほど煮て、魚に火を通す。
5. 火を強め、煮汁が煮始めの半量くらいになるように、煮つめて仕上げる。器に盛り、生野菜と香草を盛り合わせて添える。

## 忍メモ

カーフーはパンガシウス科の淡水魚。ベトナム南部では魚の煮つけといえば雷魚かカーフーですが、雷魚よりも脂がのっています。

魚にヌックマムとグラニュー糖をしっかりからめてから、ココナッツジュースなどで煮る。

凝縮された味わい

# Trứng muối
# 塩卵

台所にあった、ぎっしり卵が詰まった大きな瓶をじっと見ていたら、ホアかあさんがやってきて「これは塩水と香辛料に漬け込んだアヒルの卵よ。ゆでて食べるの」と教えてくれた。塩卵は中華食材として知られているが、ベトナムでもおなじみ。お粥に添えたり、濃厚な黄身を溶かした油をカリカリに揚げた海老やソフトシェルクラブにからめたりして使われる。

**材料**（つくりやすい分量）

アヒルの卵（鶏卵で代用可）… 10個

A

水 … 1ℓ

塩 … 300g

スパイス（八角、丁子、草果など）… 各適量

---

## つくり方

1. 卵は水でよく洗ってから、酒（分量外）でさらに洗う。
2. 鍋にAを入れて火にかけ、沸騰させて塩を溶かしてから冷ます。
3. 保存用の瓶に1の卵と2の調味液を入れて、室温で2週間ほど置いたらできあがり。鶏の卵と同じように、ゆで卵にして食べる。

## 忍メモ

卵が浮いてきたときに空気に触れないように、同じ濃度の塩水適量をポリ袋に入れて空気を抜いてしばり、重石としてのせておくのがおすすめ。調味液に浸っていたほうが保存性が高く、安心です。室温で3か月ほど保存できます。

ゆでた塩卵。コクのある濃厚な黄身がやみつきに。

酸味が少なくマイルドな味

## Yaourt hũ

# ヨーグルト

ベトナムのヨーグルトにはコンデンスミルクが入っている。フランス統治時代のベトナムでは牛乳を飲む習慣がなかったため、フランス人たちが毎朝カフェ・オ・レを飲むために酪農を普及させた。が、暑い国なので、牛乳を加工したコンデンスミルクが流通するようになり、ヨーグルトも薄めたコンデンスミルクを牛乳の代わりにして発酵させていたのだ。ホアかあさんのレシピは牛乳を加えてさらに濃厚にする。

**材料**（つくりやすい分量）

牛乳 … 500mℓ

プレーンヨーグルト（市販）… 100g

ベトナムのコンデンスミルク … 100g

熱湯 … 150mℓ

---

## つくり方

1. ヨーグルトは室温に戻しておく。
2. ボウルにコンデンスミルクを入れ、熱湯を加えて溶きのばす。牛乳を少しずつ加えてよく混ぜ、さらに **1** のヨーグルトも加えてよく混ぜる。
3. 熱湯消毒したガラス瓶に **2** を入れ、大きな鍋に並べる。鍋の中に湯を瓶の高さの半分が浸かる程度まで入れて、蓋をして温めて発酵させる（日本でつくる場合は、種菌に合う発酵温度を保てるヨーグルトメーカーなどを使うのがおすすめ）。
4. **3** が発酵してかたまったら、冷ましてから冷蔵庫で冷やす。

### 忍メモ

ベトナムのコンデンスミルクは、日本のものより濃厚。日本のコンデンスミルクを同量で使うと、少しあっさりした味わいに。

ヨーグルトの材料。今は、コンデンスミルクに牛乳も加えてつくられることが多い。

コンデンスミルクのおかげで、酸味が少なくマイルドで食べやすい。

なめらかな食感がたまらない

# Rau câu trái dừa
# ココナッツ寒天

スイーツの流行がめまぐるしく変わるベトナムで、10年ほど前に登場して以来、人気を呼んでいる「ココナッツ寒天」。ホアかあさんはレシピを徹底研究し、ココナッツの風味をいかす甘さと寒天のなめらかさにたどりついた。ジュースとミルクの2層が絶妙なハーモニー！ 今では、お惣菜を買いに来るお客さんからの注文を受け、販売までするようになったのだとか。

## 材料（つくりやすい分量）

ヤングココナッツ … 2〜4個

一番搾りのココナッツミルク（ココナッツミルク缶で代用可）… 150mℓ

A
- 粉寒天 … 小さじ⅔
- 氷砂糖 … 50g

B
- ベトナムのコンデンスミルク … 小さじ2
- 粉寒天 … 小さじ¼
- 氷砂糖 … 20g

---

## つくり方

1. ヤングココナッツは鉈や中華包丁で上の方を割ってジュースを出す。
2. 鍋に1のココナッツジュース600mℓを入れて火にかけ、沸騰したらAを入れて煮溶かす。
3. 1のココナッツの殻に2を流し入れる。粗熱を取り、冷蔵庫で冷やす。
4. 小鍋に1のジュース180mℓを入れて火にかけ、沸騰したらBを入れて煮溶かし、一番搾りのココナッツミルクを加えて混ぜ、火を止める。
5. 3がかたまったら、上に4を流し入れる。粗熱を取り、再び冷蔵庫で冷やす。

### 忍メモ

ヤングココナッツは、日本でもタイ食材店などで手に入ります。パックのココナッツジュースを使えば、グラスやカップで手軽につくれます。

左から粉寒天、氷砂糖、ヤングココナッツ。

透明カップでつくるのもおすすめ。ミルクとジュースの層がきれいに見える。

Tiger

263/11/11
Số cũ: 19/22

ちょっと一息、豆知識

# かあさん愛用の調理道具。

かあさんたちのおいしい料理づくりに欠かせないのが、さまざまな調理道具だ。

ここで紹介するのは、ベトナムのどこの台所にもあるスタンダードなものばかり！　昔から使われてきた道具もあれば、最近になって現代的に進化した道具もある。中華鍋やまな板など、中国の影響を受けて一般的になった調理道具も多い。

こうした道具が売られているのは、市場だ。鍋やボウルなどの金属製品をたくさん並べている専門店、木ベラやキッチンバサミといった小物類をこれでもかとぶら下げた移動屋台のようなワゴン……。そんな光景もベトナムならではといえるだろう。

## フッ素樹脂加工の中華鍋

かつてはアルミの中華鍋が使われていたが、最近はどこの家にもこれがある。炒め物をするときもくっつかず、扱いやすい。

## 波刃包丁

野菜などをギザギザにカットするのに用いられる。なます用の大根やにんじんなどは、これで細切りにすることが多い。

## 二枚刃包丁

刃が２枚ついていて、縦型ピーラーのような形状になっている。野菜の皮をむいたり、空芯菜を裂いたりするのに便利。

## 市場で調理道具の屋台発見！

ぶらさがっているのは、大量の木ベラやキッチンバサミ、スライサーなど。上には、いろいろな大きさのスプーンやお箸の束、ナイフに包丁、しゃもじにお玉などが山のよう……！　こんなに小さな屋台なのに、品揃えはびっくりするほど豊富だ。

### 丸いまな板

### 黒い土鍋

ベトナムでは素焼きの土鍋が調理によく使われるが、近頃はこの割れにくい土鍋が家庭で人気。煮物や鍋料理などに使われる。

まな板は中国と同じく、丸くて厚みのあるものが一般的。肉や魚を骨ごとブツ切りするのに耐えうる強度がある。

# ランかあさん

## しみじみと素朴な<br>昔ながらの北部料理

　ハノイ市内から西に向かって50㎞ほど、1時間半余り車に揺られてやってきたのは、アヒルが泳ぐ美しい水田があちこちに広がるソンタイ省・ドゥンラム村。都市部では急激な発展が進むなか、ベトナム北部の昔ながらの農村集落の風景が今も残されている貴重な地域だ。こうした古き良き街並みだけでなく、農村に息づく精神も含めて保存していこうと国が取り組みを始めた結果、今では国内外から訪れる観光客が増えている。

　牛の唸り声や鶏のけたたましい鳴き声を聞きながら、のどかな風景に目を奪われていると、自転車に乗ったランかあさんが颯爽と待ち合わせ場所に現れた。「遠いところまでようこそ。さあ、一緒に家に行きましょう」と、案内してくれた。ランかあさんの背中には束ねられた黒髪が艶やかに揺れ、56歳とは思えない若々しさだ。

　集落に入ると、風情ある煉瓦塀の古民家がどこまでも連なる。ほどなくして到着したランかあさんの家も、7代にわたって受け継がれてきたという築３８０年の古民家！　門を潜り抜けると、広々とした中庭があり、重厚な柱に支えられた主屋には、ご先祖様の写真が並ぶ祭壇が置かれている。

　料理をする場所は中庭に面していて、台所というより、土間や炊事場といった雰囲気だ。さっそくのぞいてみると、おしゃべりの声でなんだかにぎやか！

「私をいつも手伝ってくれるお姉さんたちがきてくれているの」

　じつはランかあさん、料理好きが高じて、観光で村を訪れた人のために、民家で食事を提供することを生業にしている。といっても、普通のレストランではない。普段食べている料理を、村の食文化として体験してもらうという取り組みで、もう20年以上も続けて

ベトナムではおなじみの円錐の笠、ノンラーがよく似合うランかあさん。ドゥンラム村に生まれ育ち、地元のお祭りで出会った旦那さんと結婚して、この家に嫁いだ。

1

2

1. 旦那さんのきょうだいやそのお嫁さんたちとは本当の姉妹のよう。「バインチョイ」(132ページ）という砂糖入り団子を丸めながらみんなで歌ったり、おしゃべりに花を咲かせたり。2. 稲作が盛んなドゥンラム村。青々と光る水田は、古き良き農村の風景の美しさを際立たせる。

**3.** 昔ながらの暮らしを大切にしている村の人々。料理をするのも、先祖の代から使い続けてきた土間だ。**4.** 揚げ春巻きを手際よく揚げていく、ランかあさん。

いるという。忙しいときに助っ人できてくれるのが「お姉さんたち」。といっても、本当の姉妹ではなく、旦那さんのきょうだいやそのお嫁さんたちなのだが、とても仲がいいのだという。

ランかあさんが何も言わなくても、こっちではテキパキと揚げ春巻きを包んで、あっちではスープをコトコト煮込み、お姉さんたちが手際よく手伝ってくれるおかげで、あっという間に何品もの料理が仕上がっていく。

そのなかでも、ドゥンラム村ならではの味は、味噌を使った料理だ。この村では、先祖代々から続く伝統的な味噌づくりが廃れずに続いており、ランかあさんはいつも、二番目のお姉さんのニンさんの家で仕込んだ味噌を分けてもらっている。日本の味噌との大きな違いは、シャバシャバした液状だということ。もち米、とうもろこしの粉をそれぞれ発酵させ、それらと炒った大豆を挽いた粉、村の井戸水を合わせ、さらに発酵させてつくる。独特の発酵の香りと旨味があり、ゆで野菜に添えるだけで立派な一品のできあがりだ。

デザートのお団子づくりは、5人でおしゃべりをしながら生地を丸める。ふと、ランかあさんが村のお祭りの歌を口ずさむ。すると、皆が自然に歌声を重ねていく。中庭に響くうららかな歌声に、ほっこりする。

そんな陽気な一面も見せてくれたランかあさんだけれど、10年前に最愛の旦那さんを交通事故で亡くしていた。ふたりの息子たちは隣のタイグェン省で働いており、結婚して実家を出てしまっていない。話を聞くうちに、「子どもたちに会いたい……」と、思わず涙ぐんでしまった。それでも、大学で教鞭を執っていた父の背中を見て育っ

**1.** 料理をのせた丸いお盆を床に置き、それを囲んで食事をするのが、農村のスタイル。旦那さんのきょうだいやそのお嫁さんたちと食べるご飯は楽しい。**2.** 北部ならではの料理「ブンチャー」(120ページ)。米麺のブンを碗に取り、甘辛く焼いた豚肉をヌックマムのタレにつけて、一緒に食べる。**3.** ガラスのショーケースには、観光客向けに販売している、味噌のボトルがずらり。**4.** 華やかさはないけれど、素朴でホッとする味。お盆にお皿が乗り切らないときは、立体的に上に重ねる。

7

5

6

5. ふと見上げると、屋根を支える垂木に見事な龍が彫られていた。頑丈な太い柱と梁も、この家が先祖代々の暮らしを支えてきた証だ。6. まるで寺院のような重厚感。ここが家族のリビングルームなのだ。7. 縁側の向こうに、色鮮やかな洗濯物が揺れている。

た息子たちが、教師として活躍していることは素直にうれしい。年に3回、テト（旧正月）、祖父と父の命日に帰省するのが待ち遠しいのだという。

ひとり暮らしになってしまったランかあさんだけれど、4人のお姉さんたちを始め、親戚や近所の人々がしょっちゅう集まって一緒にご飯を食べる。お姉さんたちの家はほとんどが農家なので、飼っている牛のことや、畑の様子のこともよく話題にのぼる。「田舎ではみんな、こうやって助け合いながら生きているのよ」と言う。

将来的には、どちらかの息子が戻ってきて、ずっと守ってきたこの家を継いで欲しい。幸いにも、息子たちのお嫁さんはなかなかいい料理の腕を持っている。ランかあさんは、料理の仕事も一緒に引き継いでくれたらいいな、と密かに願っている。

野菜が多めのあっさり味

**Nem rán**

# 北部風揚げ春巻き

定番の揚げ春巻きは、実は地域によって大きさや具材に違いがあり、ベトナム語では呼び名も異なる。ランかあさんがつくるのは北部風の「ネムザン」。具材は豚ひき肉や春雨に加えて野菜がたっぷり、あっさり軽め。サイズも大きく、揚げたてをハサミで切るのがお約束。一方、南部風の「チャーヨー」はタロイモやクズイモを入れるので、みっちり。大きさも北部より小さめだ。

## 材料（10本分）

豚ひき肉（赤身）… 200g
春雨（乾燥）… 30g
（水で戻して2cm長さに切る）
にんじん（短いせん切り）… 60g
玉ねぎ（粗みじん切り）… 60g
もやし（短く切る）… 60g
小ねぎ（小口切り）… 2本分
アヒルの卵（鶏卵で代用可）… 1個
北部のライスペーパー（大）… 10枚
植物油 … 適量

A
塩 … 小さじ½
黒こしょう … 小さじ⅓

B
ヌックマム、グラニュー糖、ライムの搾り汁 … 各大さじ1½
湯 … 大さじ4½
にんにく（粗みじん切り）… 小さじ1
赤唐辛子（輪切り）… 適量

## つくり方

1. ボウルに豚ひき肉、春雨、にんじん、玉ねぎ、もやし、小ねぎ、卵、Aを入れてよく混ぜる。
2. ライスペーパーをトレーの上に置き1のタネをのせて巻く。
3. フライパンに植物油を1cmの高さまで入れて火にかけ、油がぬるいうちに2の春巻きを入れ、途中で返しながらじっくり揚げる。皮がかたくなったら一度取り出して油をきる。
4. 3のフライパンの油を再び熱し、取り出した春巻きを入れる。水分をとばすように、二度揚げする。
5. キッチンバサミで食べやすい長さに斜め切りにして器に盛る。Bを混ぜ合わせたタレを添える。

### 忍メモ

日本に輸入されているライスペーパーは厚めなので、水にくぐらせて、トレーの上に1分ほど置いて戻してから巻いてください。

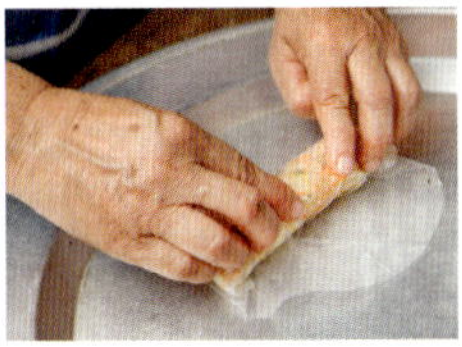

ランかあさんが使うのは、水で戻さなくても巻ける北部のやわらかい極薄ライスペーパー。

ブンと豚肉をヌックマムのタレで

# Bún chả
# ブンチャー

北部名物といえばこのブンチャー。炭火で焼いた豚バラや豚肩ロース、豚ひき肉のつくねをヌックマムのタレにつけて、米麺のブンと一緒に食べる料理だ。ランかあさん流は、豚肩ロースのみでつくる素朴なレシピ。ブンを茶碗にご飯のように盛り、タレにつけた豚肉を一緒に味わうのが田舎風。ブンチャーに、揚げ春巻き（118ページ）を組み合わせるのも定番だ。

## 材料（4人分）

豚肩ロース肉（5㎜厚さのひと口大に切る）… 350g

ブン … 1kg 前後

植物油 … 大さじ 2

A
- 赤わけぎ（粗みじん切り）… 2 ～ 3 個分
- ヌックマム、ベトナム醤油 … 各小さじ 1
- グラニュー糖、黒こしょう … 各小さじ ½

B
- ヌックマム、グラニュー糖、ライムの搾り汁 … 各大さじ 1½
- 湯 … 大さじ 4½
- にんにく（粗みじん切り）… 小さじ 1
- 赤唐辛子（輪切り）… 適量

## つくり方

1. ボウルに豚肉とAを入れて混ぜ、15 分ほど置いて下味をつける。
2. 1 の肉を折って竹串に刺す。
3. フライパンに植物油を熱し、2 の肉を並べてしっかりと焼く。
4. 3 の肉から竹串を抜き、器に盛る。ブン、Bを混ぜたタレを添える。

豚肩ロースに下味をつけて、シンプルに焼くだけ。

### 忍メモ

肉を串刺しにして焼くのは、炭火で網焼きにする習慣から。フライパンで焼く場合は串に刺さず、並べてそのまま焼いてもOKです。タレは多めにつくって、レタスやパクチー、大葉、ミントなどを添えて、つけ麺スタイルにしても。

ふわふわに巻き上げた

## Trứng đúc thịt

# ひき肉入り卵焼き

豚ひき肉と小ねぎを混ぜて焼いた、シンプルでやさしい味の卵焼き。ランかあさんがつくる様子を見ていたら、フライパンに卵液を流し入れて、まるで日本の卵焼きのようにくるくると巻き上げていた。おもしろかったのは、そのあと。金属のヘラを使い、巻きたての卵をフライパンの中でトントンと切り分けたこと！　カットされた卵焼きの断面も軽く焼く。その発想はなかった！

## 材料 (4人分)

アヒルの卵 (鶏卵で代用可) … 3個
豚ひき肉 (赤身) … 100g
小ねぎ (小口切り) … 大さじ2
植物油 … 大さじ4
A
塩、粉末スープの素 … 各小さじ½
黒こしょう … 少々
ベトナム醤油 (好みで) … 適量

## つくり方

1. ボウルに卵を割りほぐし、小ねぎを加える。
2. フライパンに植物油大さじ1を熱し、豚ひき肉を入れて炒める。火が通ってポロポロにほぐれたら、Aで味つけする。
3. **1**に**2**を加えて混ぜる。
4. フライパンに残りの油を熱し、**3**を一気に流し入れて焼く。半熟状になったら、卵焼きの要領で巻く。
5. フライパンの上でヘラを使って巻いた卵を切り、さらに断面もさっと焼いて仕上げる。好みでベトナム醤油をつけて食べる。

### 忍メモ

ベトナム全土でよく食べられているアヒルの卵。特に北部では価格も安いので、鶏と同じくらいアヒルが使われています。

これがアヒルの卵。見た目はほとんど鶏卵と変わらないが、黄身が大きい。

ドゥンラム村の伝統の味

# Rau lang luộc chấm tương
# ゆで野菜 味噌ダレ添え

ドゥンラム村の伝統食品、味噌を使った簡単料理といえばこれ。青菜をゆでて、味噌にグラニュー糖を混ぜたタレを添えるだけ！ この日の青菜はサツマイモのつる。クセがなく、タレがあればいくらでも食べられる。味噌については115ページで説明したが、大豆にもち米やとうもろこし粉を加えて発酵させているため、複雑な旨味がある。液状の味噌なのでタレもつくりやすい。

**材料**（4人分）

好みの青菜（サツマイモのつるなど）… 200g
ドゥンラム村の味噌 … 大さじ4
グラニュー糖 … 小さじ1

---

**つくり方**

**1.** 器に味噌とグラニュー糖を混ぜ合わせる。

**2.** 鍋に湯を沸かし、塩少々（分量外）を入れ、食べやすい大きさに切った青菜をゆでる。

**3.** ザルに上げて湯を切り、器に盛る。**1**の味噌ダレを添える。

**忍メモ**

日本の味噌を使う場合のタレのつくり方は、米味噌大さじ2を同量の湯で割り、グラニュー糖大さじ1を溶いて混ぜる。味噌の塩分が強い場合は、グラニュー糖を増やすとよい。空芯菜や小松菜なども、このタレによく合います。

これがゆでる前のサツマイモのつる。親戚の畑でとれたものだそう。

爽やかな酸味が溶け込んだ

# Canh sấu nấu sườn

# サウの実とスペアリブのスープ

ベトナム北部で見られる「サウ」というウルシ科の木は、6～7月頃になると、梅よりもひとまわり小さい実をつける。酸味と渋味があり、砂糖漬けにしたり、料理の酸味づけに使われる。ランかあさんがつくってくれたのは、スペアリブをやわらかく煮込んだスープだ。材料はとてもシンプルだが、豚のだしに溶け込んだサウの実の爽やかな酸味は、食欲をかき立てる。

---

**材料**（4人分）

豚スペアリブ … 300g
サウの実（青梅で代用可）… 10個
水 … 800㎖
A
　塩 … 適量
　粉末スープの素 … 小さじ½
小ねぎ（小口切り）… 大さじ1

## つくり方

1. スペアリブはサッと熱湯にくぐらせ、水洗いする。
2. サウの実は軽くつぶしておく。
3. 鍋に 1、2、水を入れて火にかけ、沸騰したら弱火にして、豚肉がやわらかくなるまで 30 分前後煮る。
4. Aで味つけし、仕上げに小ねぎを加える。

### 忍メモ

日本ではサウの実は手に入らないため、初夏の青梅を叩いて使うと近い味になります。青梅のない時季は梅干し 1 ～ 2 粒で代用し、塩分も味つけの一部に使って。

右は豚スペアリブ、左はサウの実。冷凍保存しておく家庭も多い。

旨味をギュッと凝縮！

## Cá kho tương

# 北部風魚の味噌煮

海から距離のあるハノイ近郊では、川魚がよく食べられている。なかでも好まれている魚のひとつが、鯉《こい》だ。ランかあさんは、ドゥンラム村の味噌を使って鯉を煮る。生姜と、生姜の仲間である南姜（タイのカーと同じもの）も加えるので、川魚のくさみがとれて、香りもつく。「実はこの味噌煮、夫が一番好きだった料理なのよ」と、教えてくれたランかあさん。味噌の味わいがさらに深くなった。

### 材料（4人分）

魚（鯉など3～4cm厚さの筒切り。鯖や鰤などでも代用可）… 400g
生姜、南姜（全量を生姜にしても可）… 各30g
A
- ドゥンラム村の味噌 … 100mℓ
- ココナッツカラメル … 小さじ2
- 水 … 100mℓ

---

### つくり方

1. 生姜と南姜は皮ごとつぶしておく。
2. 鍋の底に1の生姜と南姜を半量だけ敷く。そこに魚をのせ、残りの生姜、南姜を散らす。
3. 2にAを加えて、蓋をして火にかけて蒸し煮にする。沸騰したら弱火にし、汁気が煮詰まるまで1時間ほど煮る（途中で天地を返す）。

### 忍メモ

日本でつくる場合は、Aを日本の米味噌大さじ2、キビ砂糖大さじ2前後（味噌の辛さによって調整）、酒（日本酒）50mℓ、水150mℓに置き換えてください。

ドゥンラム村の味噌は液状なので、日本の味噌のように溶く必要がない。

鶏肉と玉ねぎの炒め物

## Gà xào hành tây

# 鶏肉と玉ねぎの炒め物

鶏肉と玉ねぎというシンプルな組み合わせだが、いかにも北部の田舎らしい、素朴な炒め物だ。おいしさのカギとなるのは、玉ねぎの炒め加減。シャキッとした食感を残しながらも、甘みが感じられる絶妙な仕上がりで、ついつい箸が進んでしまう。今は離れて暮らしているランかあさんの息子たちもこの炒め物が大好き。帰省すると必ずリクエストされるのだという。

### 材料（4人分）

鶏むね肉 … 200g
A
｜塩 … 小さじ½
｜粉末スープの素 … 小さじ½
玉ねぎ … 大1個
小ねぎ（小口切り）… 大さじ1
植物油 … 大さじ2
ベトナム醤油 … 小さじ2〜3
黒こしょう … 少々

---

### つくり方

1. 鶏肉はそぎ切りにし、Aをもみ込んで10分程置いて下味をつける。
2. 玉ねぎは縦半分に切り、繊維を断つように5㎜厚さに切る。
3. フライパンに植物油を熱し、**1**の鶏肉を炒める。8〜9割がた火が通ったら**2**の玉ねぎを入れ、少しシャキッとした食感が残る程度まで炒める。
4. ベトナム醤油を加えて、からめるように炒め、最後に小ねぎを入れて混ぜる。器に盛り、黒こしょうをふる。

### 忍メモ

玉ねぎは繊維を断つように切ると、シャキッとした食感に。玉ねぎを加えたら、香りが立ってきたころ合いで炒めるのをやめ、火を通しすぎないようにしてください。

材料は鶏むね肉のほか、玉ねぎ、小ねぎというシンプルさ。

## 行事食のグラニュー糖入り団子

## Bánh trôi

# バインチョイ

「バインチョイ」は旧暦3月3日の「寒食節」に食べられる行事食で、砂糖入りのお団子だ。この行事が生まれた中国では、「火を使わない日」とされており、前日に用意した冷たい食べ物を食べる風習がある。しかしハノイでは年中行事の意味合いは失われ、「餅菓子を食べる」という形式だけが残った。今ではバインチョイは、日常のおやつとして気軽に食べられている。

### 材料（つくりやすい分量）

インディカ米のもち米 … 適量

ベトナムの角切り砂糖（白）… 適量

---

### つくり方

1. もち米は浸水させてから、うすですりつぶしてひとまとめにし、団子生地にする。
2. 1の生地をちぎって丸め、芯に砂糖を入れて包み、直径2cmほどの団子になるように再び丸める。
3. 鍋にたっぷりの湯を沸かし、2をゆでる。浮いてきたら、さらに1分ほどそのままゆでて、冷水に取る。水をきり、器に盛る。

### 忍メモ

日本でつくる場合、団子生地は白玉粉に同じくらいの量の水を加えて練ったもので代用可。中に入れる砂糖は、ブロックの黒砂糖をカットしたものや、小さめの角砂糖を使って。

なまこ状にまとめた生地は、白玉粉を練ったものに近い。

通常は精製度の低い茶色い砂糖を包むが、ランかあさんは白い角切り砂糖が好みだ。

NOTHING
SPECIAL

## 味のためなら手間を惜しまない

# トゥーかあさん

観光客でにぎわうハノイ旧市街にほど近い、チュックバック湖そばの下町エリアに、タニシ料理などを提供するローカルな海鮮料理店がある。オープンして3年ほどだが、すっかり地元の繁盛店に。この店を開いたのが、美人でやり手のトゥーかあさんだ。

　もともと商売が好きで、洋服屋もやったし、特産品ショップを営んでいたこともある。それでもやっぱり、一番好きで得意なのは料理だったから、ずっと飲食店をやってみたかった。どんなレストランにしようか考えたとき、「これからは、ヘルシーに食べられるものが受けるに違いない」と考え、目をつけたのがシーフード。狙いは見事に当たった。

　お店を見渡すと、店内の看板も壁の色も黄色。この日、トゥーかあさんが着ている、アオババというベトナムの衣服も黄色でコーディネート。よく似合っている。「今日の撮影のために、オーダーして仕立てたのよ」と、ちょっぴり誇らしげに教えてくれた。

　築１００年以上だという古い建物は1階が店舗になっており、トゥーかあさん一家の住居は2階。4歳年上の夫のダオさん、娘のチーさんとゴックさん姉妹と4人で暮らしている。古いけれど、フランス統治時代の風情を残した建物は味わい深い。リビングの食卓に飾られた大輪の百合の花が、生活の潤いを感じさせる。

　キッチンはけっして広くはないが、天井が高くて明るく、使いやすいように整然と片づけられている。トゥーかあさんが一日のうち、このキッチンに立つのは主にお昼。近くのオフィスで働いている家族が昼食をとるためにいったん帰宅するので、肉や魚料理、野菜料理、スープをつくってご飯を炊くのが日常。そのときが、一日の一家

写真の奥に見える、青い巻き貝の黄色い看板の
店が、トゥーかあさんが営む海鮮料理屋。かあ
さんは家族と一緒にお店の上階で暮らしている。

団欒の時間なのだそう。夜は女将としてお店で接客に追われるから、お手伝いさんがつくってくれたものをササッと食べてすませることが多い。

忙しいトゥーかあさんは、テキパキと料理をつくりながらも、けっして手を抜かないのが信条だ。おいしいものが好きだから、手間を惜しまない。ベトナムでも定番の家庭料理の「ロールキャベツ」は、煮込む前にしっかり焼いて香ばしさをつけて甘みを引き出すひと手間。海老のカラも捨てずに乾煎りして、汁麺用のスープに旨味をプラスする。だから、家族はみんな、家で食事をしたがる。かあさんのつくるご飯があまりにおいしすぎるからか、「娘たちは自分でまったく料理をやろうとしないのよ。いつでも教えたいと思っているのだけど……」と、笑う。

そんなトゥーかあさんも、最初から

2

1

3

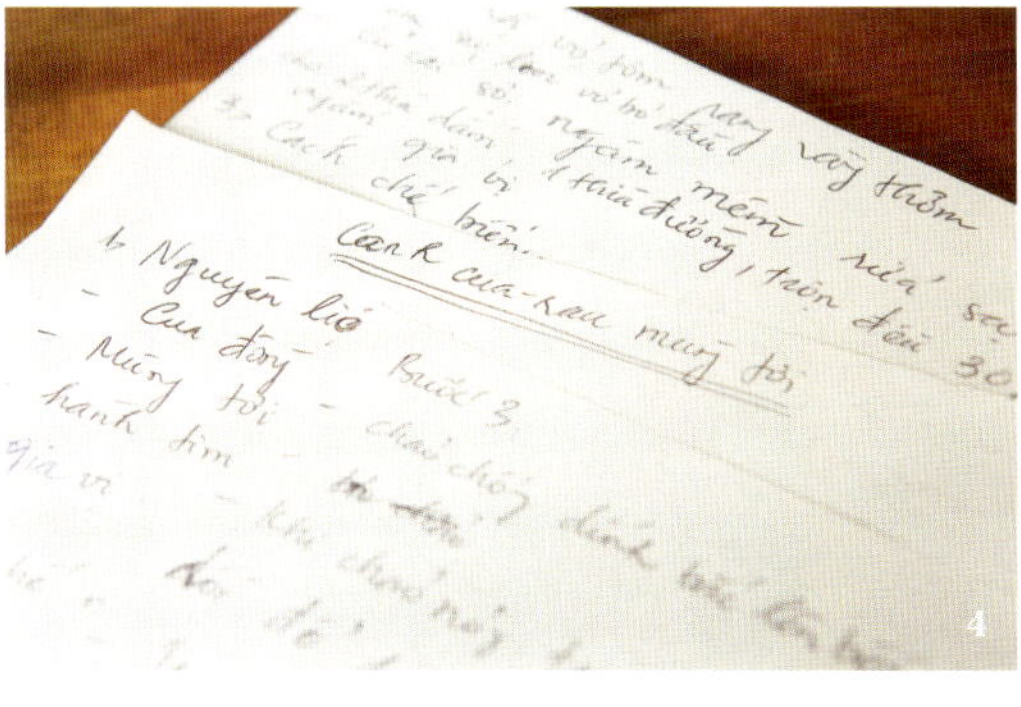
4

**1.** 掃除したガスコンロの五徳を窓にひっかけて乾燥中。ベトナムの台所に湿気は大敵なのだ。**2.**“National”のロゴがおしゃれな食器棚。**3.** ベトナムの食品メーカーがつくっている日めくりカレンダー。365日分の料理レシピが載っていてすごい！　**4.** トゥーかあさんが用意しておいてくれた手書きレシピ。さすが料理上手！

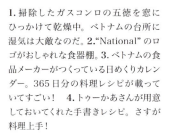

トゥーかあさんの台所はすっきり、シンプル。広くはないけれど、天井が高いので開放感がある。

とっても仲のいいトゥーかあさんファミリー。「先週はお店を休んで、下の娘と一緒に日本に旅行してきたの！　浅草で遊んで、たくさん買い物をして楽しかったわ」と教えてくれた。

料理が得意だったわけではない。24歳で結婚するまでは、家で料理したことがなかったという。でも、子どもの頃からずっと母親が営むチェー屋さんを手伝ってきた。チェーとは、緑豆や黒豆といった豆類や穀類、果実をグラニュー糖で煮てつくるベトナムの伝統的な甘味のことだ。その経験から「おいしいものを自分の手でつくる」という感覚は持っていた。

だから結婚後は、自分の母のレシピを片っ端から教わり、料理本や雑誌をめくって勉強の日々。夫のダオさんはなんたって味には厳しい人。「もうちょっと塩を入れたほうがいいな」などと、さりげなく口にするから、負けていられない。「おいしいって言わせたい！」という思いがムクムク湧いてきて、トゥーかあさんの腕はみるみるうちに磨かれた。娘が生まれて家族が

増えると、おいしい笑顔に励まされて、ますます料理が楽しくなった。「だって私の幸せは、子どもたちが幸せでいてくれることなんだもの」と話す表情は、こぼれ落ちそうなほどの愛情に満ちている。

　トゥーかあさん、50歳。これからの夢は、海鮮料理屋をもっと大きくして、店舗数も増やしていくこと。「ゆくゆくはチェーン店にできればと思ってるわ」と言って、目を輝かせた。

**1.** 家族はトゥーかあさんの料理を絶賛。姉妹の大好物は「海老の醤油炒め煮」(146 ページ)。**2.** どこの家庭にも必ずご先祖様の祭壇がある。**3.** リビングから続く階段の先には中 2 階があり、家族の寝室になっている。**4.** お店で接客をするトゥーかあさん。料理人を雇っているので、女将として店を切り盛りするのが日々の仕事だ。

蟹の旨味がじんわり深い

# Canh cua rau mồng tơi

# ツルムラサキの蟹汁

トゥーかあさんの旦那さんに好きな料理をたずねたところ、「蟹汁！」と即答。北部の夏の料理で、まさにお袋の味だ。材料はシンプルなのに、蟹の旨味が深い。取材で出会った北部出身の男性たちはみんな、この料理が好物だと話してくれたが、食べて納得！ ツルムラサキのほか、空芯菜やヘチマを入れることも。つけ合わせに、小なすの漬物を添えるのも定番だ。

## 材料（5人分）

田蟹（冷凍ソフトシェルクラブで代用可）… 300g
ツルムラサキ（ざく切り）… 1束分
赤わけぎ（粗みじん切り）… 2個分
水 … 1ℓ
植物油 … 大さじ1
塩 … 適量

---

## つくり方

1. 田蟹は甲羅を取り、殻ごとすり鉢で細かくすりつぶし、塩を混ぜる。
2. 甲羅の蟹味噌をかき出す。
3. ボウルに1と半量の水を入れ、蟹の殻から身を落とすようにして手でよく混ぜ、ザルで濾して鍋に入れる。ザルに残ったカスを元のボウルに戻し、残りの水を入れて混ぜ、再び濾して鍋に入れる。
4. 3の鍋を火にかけ、沸騰したらすぐに弱火にして3～4分煮て、浮いてきた蟹の身をしっかりかためる。
5. フライパンに植物油を熱し、赤わけぎを炒める。香りが立ったら、2の蟹味噌を入れ、色が変わるまで炒めて4に加える。ツルムラサキを入れてサッと煮て、塩で味つけする。

新鮮な田蟹はよく洗ってから、根気よくつぶす。

つぶした蟹に火が入ると、身がかたまってふわっと浮いてくる。

## 忍メモ

冷凍ソフトシェルクラブで代用する場合は、解凍してガニ（エラの部分）を除き、殻ごとフードプロセッサーですり身にしてから、つくり方**3**へ続けて。

焼いてから煮込むのがコツ

# Bắp cải cuộn thịt sốt cà chua

# ロールキャベツの
# トマトソース煮

フランス統治時代に伝えられた「ロールキャベツ」は、今ではすっかりベトナムの家庭料理として浸透しており、地域や家庭によって形も味つけもいろいろ。トゥーかあさん流は、四角く包んで多めの油で色づくまで焼いてから煮込む。食べてびっくり、焼けたキャベツの甘味と香ばしさが、こんなにいい味だなんて！肉ダネにきくらげが入るのもベトナムならでは。

**材料**（10個分）

ゆでたキャベツの葉
… 大10枚
豚ひき肉（赤身）… 300g
干ししいたけ（戻してみじん切り）
… 3枚分
生きくらげ（みじん切り）… 5枚分
トマト（種を除いてザク切り）
… 3個分
植物油 … 大さじ2½

A
塩 … 小さじ½
グラニュー糖 … 少々
黒こしょう … 小さじ½

B
顆粒スープの素
… 小さじ2
グラニュー糖 … 小さじ½
塩 … 少々
黒こしょう … 小さじ¼

---

**つくり方**

1. ボウルに豚ひき肉、干ししいたけ、生きくらげ、Aを入れてよく練り混ぜる。10等分して丸める。
2. キャベツの葉の真ん中に**1**のタネを置き、四角く包む。10個分つくる。
3. フライパンに植物油大さじ2を熱し、**2**を並べて焼く。キャベツの水分がとび、こうばしい焼き色がついたら、返して裏面も焼き、取り出す。
4. **3**のフライパンに残りの植物油を入れて熱し、トマトを入れてサッと炒め、Bを加えてさらによく炒める。トマトの水分が出てきたら水200㎖（分量外）を加え、**3**を戻し入れる。
5. 沸騰したら弱火にし、蓋をして20分ほど煮る（途中で天地を返す）。グラニュー糖と塩（共に分量外）で味を調える。

**忍メモ**

ロールキャベツをしっかり焼いて水分を飛ばすことで、ソースとなじみやすくなり、キャベツの甘味も出ます。焼くときは、水分が出てきて油がはねやすいので気をつけて！

肉ダネを座布団のように四角く包む。

**材料**（4人分）

海老（ブラックタイガー）… 250g
にんにく（みじん切り）… 2片
赤わけぎ（みじん切り）… 2個
小ねぎ（ザク切り）… 2～3本
植物油 … 大さじ3
水 … 50㎖

A
- ベトナム醤油 … 小さじ2
- ココナッツカラメル（省いても良い）… 小さじ1
- グラニュー糖 … 小さじ1
- 塩、黒こしょう … 各小さじ½

## 忍メモ

ココナッツカラメルを加えるのは、料理の色とコク、風味のため。グラニュー糖でカラメルをつくって加えると近い味になりますが、省く場合はグラニュー糖の代わりにキビ砂糖を使うとコクや風味がつきます。

甘辛い味つけがご飯を呼ぶ

## Tôm rim xì dầu

# 海老の醤油炒め煮

海鮮料理屋を営むトゥーかあさん、素材の鮮度にはちょっとうるさい。それがよくわかるのが、この料理。普通は生の海老から炒めて煮ていく。でも、トゥーかあさんは、海老の鮮度がいいうちに下ゆでしてしまう。手間はかかるが、そのほうがくさみもなく、炒めてもかたくなりにくいのだそう。それにしても、このつややかな照り！　甘辛い味つけがご飯に合いすぎるのだ。

## つくり方

**1.** 洗って背ワタを除いた海老を鍋に入れ、ひたひたの水を注いで火にかけ、菜箸でときどき混ぜながらゆでる。沸騰して海老の色が赤く変わったら火を止め、そのままゆで汁に漬けて冷まし、水気をきって殻をむく。

**2.** 鍋に植物油を熱し、にんにくと赤わけぎを炒める。香りが立ったら、**1** の海老を入れてさらに炒める。

**3.** Aを加えて海老にしっかりからめたら、分量の水を加える。煮汁の味見をして、足りなければ塩とグラニュー糖（分量外）で味を調え、汁気が少なくなるまで中火で煮からめる。仕上げに小ねぎを加えて混ぜる。

下ゆでした海老。このひと手間で、おいしく仕上がる。

豚肉と一緒に煮てコクを出す

## Cá kho riềng

# 魚の南姜煮

材料を見て「煮魚なのに豚肉も入れるの!?」と驚くなかれ。ベトナムの中部から北部にかけて、よくやる調理法なのだ。食べてみると、魚に豚の脂身の旨味とコクがしみていい味わいになっていて、これまた甘辛い味つけがご飯にぴったり。生姜の仲間の南姜の香りや、唐辛子の辛味も絶妙。生の茶葉を入れることで、川魚のくさみを取るのも伝統的な知恵である。

### 材料（4～5人分）

魚（鯉など2.5㎝厚さの筒切り、鯖で代用可）… 500g

豚バラ肉（ブロックを1㎝厚さの短冊切りにする）… 300g

南姜（皮ごと薄切り、生姜で代用可）… 150g

赤わけぎ（薄切り）… 50g

赤唐辛子 … 3本

生の茶葉（省いても良い）… 50g

A

- ヌックマム … 大さじ3
- ココナッツカラメル（省いても良い）… 大さじ2
- サトウキビの汁（キビ砂糖大さじ2で代用可）… 大さじ2½
- 黒こしょう … 小さじ½

---

### つくり方

1. 鍋底に茶葉を敷き、半量の南姜と赤わけぎを散らす。その上に魚と豚肉を並べ、残りの南姜と赤わけぎ、赤唐辛子を散らす。
2. 1にAとひたひたの量の水（分量外）を入れ、強火にかける。沸騰したら火を弱め、煮汁の味見をして、ヌックマム、サトウキビの汁（分量外）で味を調える。
3. 蓋をし、汁が煮詰まるまで、1時間ほど煮る（途中で天地を返す）。

#### 忍メモ

生の茶葉は魚のくさみを取るために使います。省いてもつくれますが、薄く入れた日本茶を水の代わりに加えて煮ると同じ効果があります。

材料は鯉のほか、豚バラも加える。真ん中が南姜、右下は生の茶葉。

お正月の残り食材でつくる

## Bún thang

# 具だくさん汁ブン

ベトナムの旧正月、テトのために用意した食材の余りでつくる伝統的な麺料理だ。余った食材を使うけれど、海老をそぼろにしたり、錦糸卵を焼いたり、しいたけを煮たりと、ひとつひとつ手をかける。トゥーかあさんのこだわりはスープだ。豚の骨をじっくり煮出し、海老の殻や焼いたスルメ、鶏肉を入れ、深い味わいに仕立てる。家族みんなが心待ちにしている一品だ。

### 材料（5～6人分）

豚骨 … 500g

海老（殻ごとゆでたもの）… 200g

丸鶏 … ½ 羽

スルメのゲソ … 1パイ分

生姜 … 1かけ

赤わけぎ … 4個

細切り干し大根（切り干し大根で代用可）… ひとつかみ

干ししいたけ（戻しておく）… 極小 20 枚

ベトナムハム（せん切り）、錦糸卵、小ねぎ（小口切り）、ザウザム（細かく刻む）… 各適量

ブン … 1.5kg

塩、ヌックマム … 各適量

A

- 酢、グラニュー糖 … 各小さじ 2

B

- 水 … 100mℓ
- ヌックマム … 小さじ 1
- グラニュー糖 … 小さじ ½

---

### つくり方

1. 鍋に豚骨と水 5ℓ（分量外）を入れて火にかける。沸騰したら火を弱め、アクを取る。蓋を少しずらしてしめ、3時間煮出してスープを取り、火を止める。
2. 海老は殻をむく。殻はフライパンで乾煎りして、**1** の鍋に入れる。身はすり鉢でつぶし、フライパンで乾煎りしてそぼろ状にする。
3. 焼き網にスルメ、生姜、赤わけぎをのせて表面をあぶる。サッと水洗いして焦げを落とし、**1** の鍋に入れる。
4. **1** の鍋を再び火にかけ、沸騰したら鶏肉を入れる。再び煮立ったら火を弱めてアクを取り、肉に火が通るまでゆでる。ゆで上がった鶏肉を取り出し、そぎ切りにするか、細く裂く。スープは別の鍋に濾し入れ、塩とヌックマムで味つけする。
5. 水で戻して軽くしぼった干し大根は、Aをからめて30分ほど置く。
6. 小鍋にBを煮立て、干ししいたけを入れ、弱火で10分ほど煮る。
7. ブンを器に盛り、**2** の海老そぼろ、**4** の鶏肉、**5** の干し大根、**6** のしいたけ、ベトナムハム、錦糸卵、小ねぎ、ラウラムをのせ、**4** のスープを注ぐ。

### 忍メモ

豚骨でスープをとるのは大変。水 3ℓ に鶏ガラ1羽分を入れて 1 時間ほど煮出したスープでもおいしくつくれます（分量は 4 人分）。その場合、丸鶏 ½ 羽はむね肉 1 枚に代えてください。

ベトナムの家庭の煮物は、あえて汁気をたっぷり加え、スープとしても食べられるように仕上げる場合がある。この料理がまさにそうで、具材はなすとトマトに、豚肉と揚げ豆腐。これ一品で野菜も肉もとれるから、栄養バランス抜群！ 食欲のないときでもウコンの香りが爽やか。お米を発酵させた調味料メー（154ページ）のほのかな酸味とコクもおいしさの隠し味だ。

## 材料（4人分）

丸なす … 3個
トマト … 2個
豚バラ肉（5mm厚さに切る）… 300g
揚げ豆腐（2～3cm角、厚揚げを角切りにして油で揚げたもので代用可）… 300g
生ウコン … 親指大
（ターメリックパウダー小さじ1～2で代用可）
赤わけぎ（薄切り）… 2～3個分
水 … 800mℓ
植物油 … 大さじ1
ヌックマム … 大さじ2
メー（酢で代用可）… 少々

A
- 塩、顆粒スープの素 … 各適量

B
- 小ねぎ（小口切り）… 2～3本分
- シソ（せん切り）… 10枚分
- ラロット（せん切り、シソで代用可）… 10枚

---

## つくり方

1. なすはくし形切りにし、薄い塩水に20分ほど漬けてアクを抜く。トマトは横半分に切って種を除き、ザク切りにする。
2. 生ウコンはすりつぶして少量の水（分量外）に溶き、濾しておく。
3. 鍋に植物油を熱し、赤わけぎを炒める。香りが立ったら豚肉を入れて炒め、表面の色が変わったら弱火にして、豚の脂が溶けて肉の表面が少し色づくまで焼きつける。ヌックマムを加え、香りを立てる。
4. 3に分量の水を加え、沸騰したら蓋をして弱火で15分ほど煮る。1のトマトを加えてさらに5分ほど煮る。
5. 水気を切った1のなす、2のウコン汁を入れて煮る。なすがやわらかくなったら、メーとAを加えて味を調え、揚げ豆腐を加えてさらに10分ほど煮る。器に盛り、Bを散らす。

### 忍メモ

メーを加えるのは、ほんのりとした酸味で味に起伏をつけるため。日本でつくる場合は、ごく少量の酢を加えてください。ラロットは胡椒の仲間の葉ですが、これも日本では手に入りにくいので、シソを多めに入れて代用して。

具だくさんのごった煮

# Cà bung

# なすとトマトのウコン煮

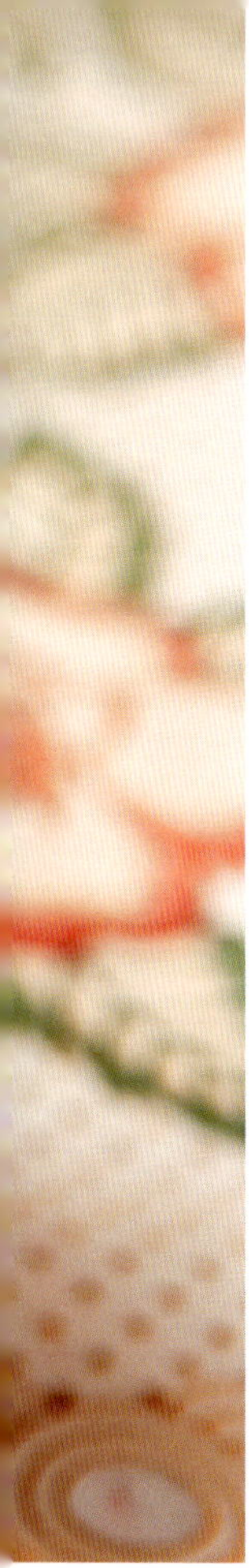

お米からつくる発酵調味料

# Mẻ chua

# メー

「なすとトマトのウコン煮」（152ページ）で使った「メー」は、お米を発酵させた北部ならではの調味料。甘酒を過発酵させたような味だが、甘味はない。その代わり料理に加えると、まろやかな酸味と旨味がつく。お店でメーを買ってきて使う家庭も増えたが、トゥーかあさんは市販のメーを種菌にして自家製でつくっている。これも料理のこだわりなのだ。

---

**材料**（つくりやすい分量）

市販のメー … 適量

冷やご飯（インディカ米）… 適量

## つくり方

1. 容器に冷やご飯を入れて、かぶるくらいの量のメーを注ぎ、25℃～32℃くらいの室温に置き、1週間ほど発酵させる。
2. 1の完成したメーは、必要な分をそのつど取って水を加えてゆるめ、ザルで濾し、液体調味料として使う。

### 忍メモ

種菌なしでメーをつくる場合、器に冷やご飯を入れ、かぶるくらいのおもゆ（お粥を炊いて、ザルで濾したもの）を入れて、同じ室温で2週間ほど発酵させます。

手前はメーの材料となるインディカ米の冷やごはん、奥は水でゆるめて濾したメー。

身体の熱をとる健康ドリンク

# Cách pha bột sắn dây
# ボッサンドリンク

北部のどこの家庭でも常備している「ボッサン」。クズ属の植物の根からとれるデンプンを精製したベトナムの葛粉だ。現地の人々はこれを水で溶いて健康ドリンクをつくる。身体の熱を取り、血流を良くするといわれているからだ。粉っぽい味であまりおいしいとは言えないが、でも、「美肌になるのよ」とベトナムの女性たちは言うのだ。砂糖とライムを加えると、少し爽やかになる。

## 材料（1杯分）

ボッサン … 大さじ 2
水 … 150㎖
グラニュー糖 … 小さじ 2 〜（好みで増やす）
ライム … 適量

これがボッサン。ライムとグラニュー糖はマスト。

## つくり方

1. グラスにボッサンを入れ、水を少しずつ注ぎながら混ぜて溶かす。
2. グラニュー糖を混ぜ、ライムをしぼって混ぜる。

ボッサンは水を注いで混ぜると溶ける。

## 忍メモ

ボッサンを少量の水で溶いてから、熱湯を注いで混ぜ、日本の葛湯のようにして飲むこともあります。

グラニュー糖の甘味とライムの酸味で、飲みやすくする。

ỐC DÌ TÚ
Móng tay sốt bơ : 90k
Ốc hương muối ớt : 75k/100g
Ngao dừa : 60k
Sò huyết cháy tỏi : 80k
BA ĐÌNH - HÀ NỘI
ĐT : 0904 364 488
FB: https://facebook.com/ocditu/

The No.1 Coffee
G7
CÀ PHÊ THỨ THIỆT
GIA ĐÌNH G7
CỬA HÀNG TẠP HÓ
144C QUÁN THÁNH, BA ĐÌNH, HÀ NỘI - ĐIỆN THOẠI: 0437 164 52
Special
144C

# ぶらり、市場歩き。

ベトナムの街を歩いていると、あちこちで活気あふれる市場に遭遇する。買い物をするかあさんたちの背中を追いかけて、ぶらりスナップ。

円錐の形をした笠、ノンラーをかぶった人々が野菜を売りさばく。食材を広げればそこはもう、自分の店なのだ。

しっかり実の詰まったとうもろこし。皮のむき方がどんぐりのヘタのようでかわいい。

屋内市場で香草専門店を発見！　パクチーもシソもミントも、無造作に積まれている。

緑豆、黒豆、小豆……色とりどりの豆は全部量り売り。ベトナム人は豆が好き！

真っ赤な唐辛子も新鮮！　激辛にはしない、ちょうどいい辛さもベトナム料理の魅力。

パイナップルのブツブツを取り除くおばちゃん。かあさんたちはこれを買ってくる。

自転車に果物を山積みにして売る人も。新鮮なマンゴスチンをお買い上げ！

バナナを売るお兄さん、「おいしいよ！」とニッコリ。その笑顔につられて、思わずひと房買ってしまいそう。

ベトナム人にとってバゲットは日常食。サクッフワッと驚くほど軽い食感が特徴だ。

日々の主食はやっぱりお米。ご飯を炊いて、おかずと一緒に食べるスタイルに親近感。

丸いものから四角いものまで、市場にはいろいろな種類のライスペーパーが売られている。

白や茶色、卵の色もいろいろ。鶏卵だけでなく、アヒルの卵もよく食べられている。

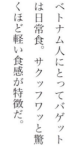

調味料の並べ方がカオス!?
ヌックマムもベトナム醤油も
チリソースも、まったく規則
性なく並んでいるように見え
るけれど、これでいいのだ。

市場ファッションチェック！
柄×柄コーデが絶妙。買った
野菜は自転車に器用に括って。

黄×緑×ピンクの色合わせが
素敵。このプラ買い物カゴは、
近頃、南部で流行中。

服とカゴのオレンジ色を合わせた、おしゃれ上級者！　ノンラーもまたいい味わい。

ストライプのセットアップがきまってる。さりげない斜め縞×縦縞の組み合わせ！

市場では炊飯器だって買えちゃうのだ。ざっくりした並べ方も見慣れてきた。

チープな器のレトロな花柄が愛らしい。まとめ買いすれば、値切り交渉もできるかも？

カラフルなカゴや洗濯バサミに、歯ブラシもある。要はなんでも売ってるってこと！

寸胴に中華鍋、やかん、ザル……調理道具ならおまかせ。壁面まで使った立体的なディスプレイが、いかにもベトナムの市場らしい。

小腹が減ったら、市場の中で食事をしてもいいし、おやつを食べるのも悪くない。ベトナム南部のプリン、バインフランの人気店でひと休み。

ココナッツミルク風味の練り餅、バインドゥック。甘辛いヌックマムダレをかける。

市場の汁麺屋さんで働く少年が、近所までデリバリー。ベトナムの日常の風景だ。

プラ椅子を器用に積んでテーブルをつくり、食事をするお姉さん。市場で店番をしながらでも、ご飯だけは欠かさずしっかり食べる！

# ベトナム「定番食材&調味料」ダイジェスト

かあさんたちの料理を再現して味わってみたいなら、現地の食材や調味料について知ることが必須！ ここでは、それぞれの家庭の台所で多く使われていたものを中心に、ベトナム料理に欠かせないものをピックアップ。異国情緒溢れるビジュアルの調味料は、ベトナム旅行のお土産にもおすすめ！

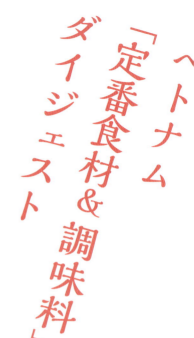

## まず欲しい “三種の神器”。

ベトナム料理の味つけの基本！

### Nước mắm
### ヌックマム

カタクチイワシからつくられる、ベトナムの魚醤。カタクチイワシに塩を混ぜて、樽や甕に入れて乳酸菌で発酵させた、その上澄み液がヌックマムである。最初に取った上質な上澄み液を一番搾りと呼ぶ。一番搾りを取ったあとに水と低濃度のヌックマムを加えて、二番搾り以降のものもつくられる。この本でかあさんたちが使っていたのは一番搾り。

使用例 18、42、70、99、118、148 ページなど

たっぷり使って香りをつける

## Tiêu đen
## 黒こしょう

ベトナムで多く栽培されている香辛料。白も黒も使われるが、家庭ではもっぱら香りの強い黒が好まれており、特に南部は大量に加える。食材に下味をつけたり、調理の途中で加えたり、盛りつけた上からふったり、タレに加えたり、とにかくよく使われる。
使用例 42、70、94、118 ページなど

あらゆる料理に多用する

# 基本の香味野菜

## Tỏi
## にんにく

ベトナム産のにんにくは、日本のものよりも小ぶりで、香りもやさしい。炒めものはもちろん、生を刻んでタレに混ぜることが多い。
使用例 18、42、68 ページなど

## Hành lá
## 小ねぎ

現地でも様々な品種が出回っているが、Hành lá は小ねぎの総称。刻んでスープや麺類にトッピングしたり、ザク切りにして炒め物に混ぜたりしてよく使われる。かあさんたちは、白い部分と青い部分を使い分けている。
使用例 20、50、68 ページなど

## Hành khô (北)
## Hành tím (南)
## 赤わけぎ

紫色のわけぎの根元の膨らんだ部分で、タイのホムデンと同じもの。非常に香りが良いので、油と一緒に炒めて香りを移してから、炒めたり煮たりすることが多い。日本で手に入らない場合は、小ねぎの白い部分で代用するといい。
使用例 18、44、68 ページなど

# 鮮烈な香りの香草と柑橘。

レモンのような爽やかさ！

## Sả
## レモングラス

イネ科の植物でレモンのような爽やかな香りを持つ。ベトナムでは葉ではなく、茎の部分を使う。刻んで油で炒めて料理にかけたり、香味野菜と混ぜて肉や魚の下味に使ったりすることが多い。

使用例 46、82、84 ページ

ギュッとひとしぼり！

## Chanh
## ライム

シークワーサーやすだち程度の大きさで、爽やかな香りと酸味が特徴。汁麺に搾ったり、ヌックマムや塩と混ぜてタレにしたりする。日本ではレモンで代用してかまわない。

使用例 26、30、82、118、156 ページなど

家庭料理には欠かせない

## Rau mùi（北）
## Ngò rí（南）
## パクチー（香菜）

パクチーはタイ語だが、ベトナムでは北部でザウムイ、南部でゴーリーと呼ばれる。料理の飾りや薬味としてよく使われる。特に南部の家庭では、スープに小ねぎと共に刻んで散らすことが多い。

使用例 18、44、70 ページなど

華やかな香りのハーブ

## Húng quế

## バジル

タイバジルと呼ばれるものと同じ種類のバジルで、茎が紫色をしているのが特徴。華やかな香りで、麺料理やライスペーパーで巻いて食べる料理に欠かせない。

使用例 82、99 ページ

裏が鮮やかな紫色

## Tía tô

## シソ

ベトナムでは、表が緑、裏が紫色のシソが主流。ライスペーパーで具材と一緒に巻いて食べたり、麺料理、煮物に散らしたりする。

使用例 44、99、152 ページ

パクチーに似た強い風味

## Mùi tàu / Ngò gai

## ノコギリコリアンダー

端がノコギリのようにギザギザとした長い葉で、パクチーに似た強い風味を持つ。麺料理や南部のスープなどに使われる。

使用例 68、80 ページ

ピリッとスパイシー

## Ngò om / Rau om

## ラウオム（リモノフィラ）

ピリッとしたスパイシーな風味が特徴。麺料理や南部のスープなどに、ノコギリコリアンダーと一緒に使われることが多い。

使用例 68、80 ページ

辛味と強い香りを持つ

## Rau răm

## ラウラム（ザウザム）

辛味と強烈な香りが特徴のタデの一種。和え物や麺料理など、あらゆる料理に使われる。解毒作用があるとされ、貝や魚と一緒に食べることも多い。

使用例 74、82、150 ページ

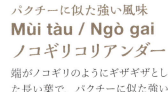

# 味つけのかなめ。

甘味と旨味を加えた大豆醤油

## Xì dầu（北）
## Nước tương（南）
## ベトナム醤油

華人によって伝えられた中国の醤油が、ベトナムの調味料として定着。大豆を発酵させたものに、甘味と旨味成分が添加されている。ヌックマムの次によく使われる調味料だ。タイのシーズニングソースがほぼ同じものなので、代用できる。

使用例 76、130 ページなど

中国から伝わって定着した

## Dầu hào
## オイスターソース

醤油と同じく中国から伝えられた、牡蠣からつくられる調味料。炒め物の味つけだけでなく、煮物に旨味を加えるために使ったり、隠し味として入れたりする。

使用例 18 ページ

あらゆる料理に多用する

## スープの素

## Hạt nêm
## 顆粒スープの素

ベトナムでは、この豚風味のスープの素が主流。肉や魚介から取っただしの味を補い、調えるために使われることが多い。また、炒め物や肉の味つけに用いることも。

使用例 22、42、68 ページなど

## Bột canh
## 粉末スープの素

塩に旨味が添加された粉末スープの素。顆粒スープの素は全土で使われているが、この粉末タイプは特に北部の家庭に浸透しており、煮物やスープなどあらゆる料理に使われる。

使用例 122、126、130 ページ

煮汁やスープに大活躍

## Nước dừa tươi
## ココナッツジュース

ヤングココナッツの実の中に入っている、そのまま飲んでもおいしいフレッシュな甘さのジュース。煮物やスープに水代わりに用いて、コクや甘味、風味をプラスする。
使用例 20、48、52、99、106 ページ

生の果肉をもんで搾る

## Nước cốt dừa
## ココナッツミルク

かあさんたちが使うココナッツミルクは缶入りではなく、オールドココナッツから削った果肉を搾った、新鮮なもの。市場で削った果肉を買ってきて家で手搾りするか、店で搾ったものを買ってくる。果肉をザルや布の袋に入れ、ぬるま湯の中でもんで油分や風味を移すと、ココナッツミルクになる。最初に搾ったものを一番搾り、残りカスを再度搾った薄いものを二番搾りとして、使い分ける。
使用例 46、56、106 ページ

フレッシュな
搾りたて。

市場のココナッツ屋さん。売っているのは、フレッシュなココナッツジュース、削ったココナッツの果肉、搾ったココナッツミルク。缶詰のココナッツミルクや溶かして使うパウダーも売られているが、料理上手なかあさんたちはこうした店で新鮮なものを買い求め、おいしいご飯をつくっているのだ。

# ライス
# ペーパー
# &定番麺。

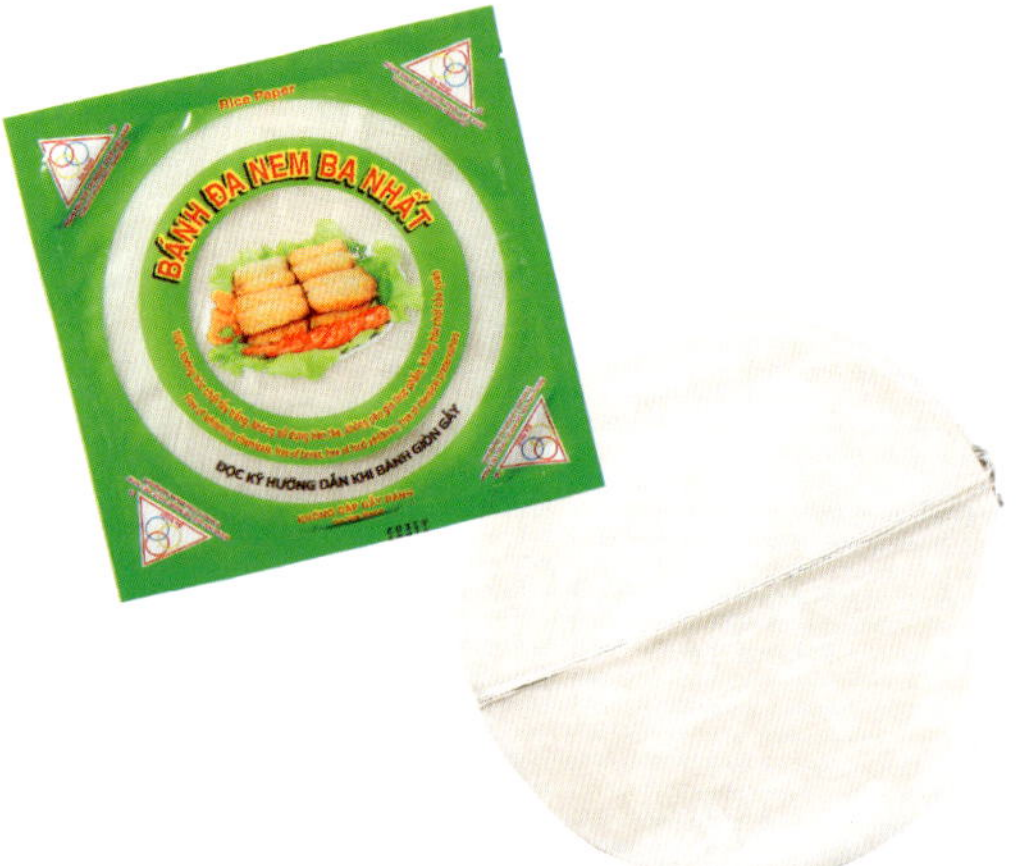

地域によって多種多様

## Bánh đa nem（北）
## Bánh tráng（南）
## ライスペーパー

水に浸したインディカ米を細かく挽いて水で溶いた生地を、布の上にのばして蒸し、干してつくられる食材。日本では生春巻きの皮としておなじみだが、現地ではさまざまな具材をこのライスペーパーに巻いて食べる。地域によって厚さや形が異なり、丸いものだけでなく四角いもの、極薄のものもある。ごま入りのライスペーパーもあり、煎餅のように焼いて料理と一緒に食べる。

使用例 52、118 ページ

家庭の食卓では
定番の米麺

## Bún
## ブン

ベトナムでは最もポピュラーな米麺で、家庭でもご飯と同じように主食として食べられている。米の生地を発酵させ、製麺機に入れて押し出し、ゆでたものが市場で売られている。細いものが主流だが、太いものもある。コシはなく、つるりとした食感が特徴。

使用例 44、52、82、120、150 ページ

# その他の定番食材。

旨味をプラスする食材

## Tôm khô
## 干し海老

だしを取ったり、旨味をつけるために加えたり、刻んで和え物に混ぜたりして使う。現地では海老が多く獲れるため、大きさもさまざま。

使用例 28、50、72 ページ

日本のものよりずっと濃厚

## Sữa đặc
## コンデンスミルク

日本で流通しているものよりも濃度が高い、コクのある練乳。コーヒーなどの飲み物だけでなく、お菓子や料理の隠し味にも使われる。

使用例 32、104、106 ページ

しっかりとした辛味

## Ớt
## 唐辛子

ベトナムでは生の赤唐辛子のほか、青唐辛子もよく使われ、サイズや品種もいろいろあり、麺やつけダレに加えたりして使う。

使用例 20、52、70、99、118 ページなど

鶏の卵と同じように使える

## Trứng vịt
## アヒルの卵

鶏卵と同じくらいポピュラー。味は鶏卵と大きくは変わらないが、黄身が大きいため少しコクがあり、料理も色鮮やかに仕上がる。

使用例 102、118、122 ページ

茶色に仕上げてコクをつける

## Nước màu dừa
## ココナッツカラメル

ココナッツジュースを煮つめてつくったカラメル。肉料理や魚料理をおいしそうな茶色に仕上げるため、コクをつけるために使われる。

使用例 70、128、146、148 ページ

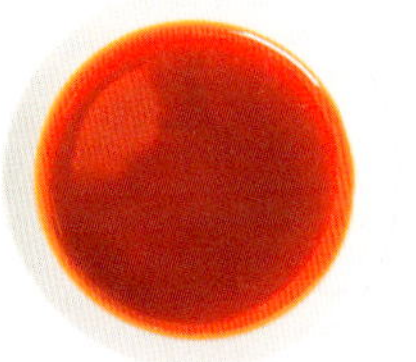

料理に紅い色をつける

## Dầu điều
## アナトーシードオイル

アナトーシード（ベニノキの種子）の色素を溶かしたオイル。味に特徴はなく、料理を紅く色づけしたいときに用いられる。

使用例 30、82 ページ

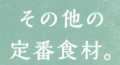

# 食材&調味料、どこで買う?

## 日本で買う

近頃では、アマゾンや楽天市場などのネット通販ショップでベトナム食材が入手しやすくなった。でも、輸入食材店やアジア食材店を訪れて、実際に手にとって吟味しながら選ぶ楽しさも捨てがたい。

東京都内では、蒲田の「福山商店」は、ベトナム食材を中心に扱っている老舗。調味料やライスペーパーといった定番食材のほか、即席麺やジュース類などの嗜好品も豊富で、日本在住のベトナム人もよく利用する。

大久保の「アジアスーパーストア」はアクセスもよく、プロも多く利用するアジア食材専門店。タイ食材中心だが、ベトナムと共通するものが多いため重宝する。フレッシュな香草類や冷凍食材も充実しており、異国を訪れて買い物をしているかのような雰囲気も味わえる。

## ベトナムで買う

流通が発達した今、日本でもベトナム食材は手に入れやすくなったが、現地で買い物をすると、異国の食文化が垣間見えて楽しい。

旅行者が買い物をしやすいのは、スーパーマーケット。北部ハノイでは「インティメックス」、南部ホーチミンでは「コープマート」といった大手スーパーがエリアごとに点在している。観光客の多いエリアでは、お菓子やベトナムコーヒー、ナッツ類などの土産物も充実している。

この本に登場したかあさんたちが買い物をするのは活気あふれる市場。

160ページでも紹介したように、ベトナムはそこかしこに市場がある。

北部では「ドンスアン市場」が有名だが、食材巡りをするなら「ホム市場」がおすすめ。市場の建物周辺の露店も活気がある。

南部ホーチミンで訪れやすいのは「ベンタイン市場」。野菜や肉、魚などの生鮮食品に加えて、ライスペーパーや干し海老といった持ち帰りやすい食材、調理道具屋さんなどもチェック。いずれの市場にも、麺類やデザートなどが食べられるお店があるので、ローカルフードで小腹を満たすのも楽しい。

## Chợ Hôm
## ホム市場

北部ハノイの中心地区にある、ローカルな風情が味わい深い屋内市場。生鮮食品から食器、衣料品や靴に至るまで、生活に必要なものがなんでも揃う。

79 Phố Huế, Quận Hai Bà Trưng, Hà Nội

## Chợ Bến Thành
## ベンタイン市場

南部ホーチミンのランドマークでもある屋内市場。観光客向けではあるが、売り子の呼び声が飛びかう活気溢れる雰囲気。品揃えも豊富で、買い物しやすい。

Đường Lê Lợi, Phường Bến Thành,
Quận 1, Hồ Chí Minh

レストランで食べる

# 旅で出会える！ベトナムかあさんの味

### 揚げ豆腐のひき肉詰め　トマトソース煮

P78に登場したチャーンかあさんの得意料理。トマトの酸味がきいている。Ⓐ

**この本を読んだらきっと、「かあさんたちがつくるような料理を食べてみたい」と思うはず。ぜひ、現地の家庭料理が食べられるお店へ！**

ベトナム料理のレストランといっても、現地にはさまざまな店がある。かあさんたちがつくるような料理を食べたいなら、家庭料理を提供するレストランを訪れるといい。

ホーチミン中心部のベンタイン市場にほど近い「シークレットハウス」は、カジュアルな家庭料理店。カフェのような雰囲気でありながら、ベトナム南部の名物料理が揃う。ドンコイ通りからすぐの場所にある「ホアンイェン」は、地元の食通たちから根強い人気の有名店で、家庭料理もハレの日のご馳走も両方味わえる。

また、ハノイで北部の家庭料理を食べるなら「クアンコムフォー」へ。素朴な料理が多く、しみじみとおいしい。

### 揚げ春巻き

P118でランかあさんがつくってくれたように、食べごたえのある大きめサイズが北部流。Ⓒ

### 魚の煮つけ

コクのあるヌックマム味の煮汁までおいしい。ホアかあさんの自慢の一品でもある（P99）。Ⓑ

### 空芯菜のにんにく炒め

シャキシャキの炒め加減が絶妙。チャンかあさんもつくっている定番の家庭料理（P42）。Ⓐ

### ひき肉入り卵焼き

ランかあさんは日本の卵焼きのように仕上げていたが（P122）、丸く焼くことも多い。Ⓒ

### 手羽先のヌックマム揚げ

甘辛い味つけがあとをひく！　トーかあさんの家族もみんな、この手羽先が大好物（P26）。Ⓑ

### 魚の酸っぱいスープ

タマリンドがきいた、甘酸っぱい南部の味。チャーンかあさん一家も大好き（P80）。Ⓐ

---

### Ⓒ QUÁN CƠM PHỐ

クアンコムフォー

29 Lê Văn Hưu,
Quận Hai Bà Trưng, Hà Nội
☎ +84 24 3943 2356

### Ⓑ HOÀNG YẾN

ホアンイェン

7 Ngô Đức Kế, Phường Bến Nghé, Quận 1, Hồ Chí Minh
☎ +84 28 3823 1101

### Ⓐ SECRET HOUSE

シークレットハウス

55/1 Lê Thị Hồng Gấm,
Quận 1, Hồ Chí Minh
☎ +84 91 187 70 08

# ビンザン食堂で食べる

ベトナムは街のあちこちに「コムビンザン」と呼ばれる食堂がある。煮物や炒め物などのおかずがずらりと並び、見ているだけで楽しい。ただし、注文の仕方を知らないと、旅行者にはちょっと入りにくい。そこで、入店から支払いまでの流れを知っておこう。

## ĐỒNG NHÂN
ドンニャン

42 Trương Định, Phường Bến Thành, Quận 1 ,Hồ Chí Minh
☎ +84 28 3822 1010

## 1 店員さんに人数を伝えよう

入店したらまず、入り口で店員さんに人数を伝える。指で「2人」などと示せばOK！ それを見て、盛りつける量を調整してくれる。

## 2 料理は指さしで注文！

食べたい料理が決まったら、「これ」と指で示せばいい。2人で注文するなら、おかずとスープを組み合わせて3、4品で十分。ご飯は頼まなくても自動的についてくる。

鶏肉のカレー煮

豚と卵の煮物

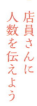

おてふきは有料です

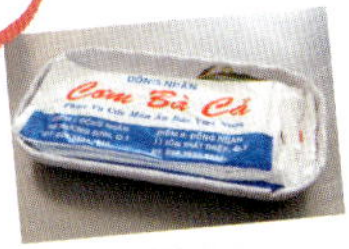

## 3 席に座ってしばし待とう

案内された席に座ったら、飲み物を注文しよう。あとは、料理が運ばれてくるのを待つだけだ。ちなみに、卓上にあるおてふきは有料。使ったらお金を払うシステムになっている。

## 4 料理が運ばれてきたら、いただきます！

店員さんがご飯と注文した料理を運んできたら、人数分の茶碗にご飯をよそう。箸は卓上にあるものを使おう。

## 5 食べ方はベトナム流で！

ベトナムでは取り皿は茶碗ひとつだけ。おかずはご飯の上にのせて食べる。現地の人々は、スープはご飯が少なくなったところで茶碗に入れて食べる。デザートに果物が運ばれてくることがあるが、これはサービスではなく有料。食べたら会計時に請求される。

## 6 お会計はテーブルで！

伝票はないので、店員さんを呼び止めて計算してもらい、テーブルで支払う。言葉が通じなくても、金額を紙に書いてもらえば間違いない。

## かあさんの味を巡る旅をオーダーメイドで！

ベトナムの家庭料理について深く知りたいのなら、インドシナ旅行手配を専門とする旅行会社「ピース・イン・ツアー」に相談し、オーダーメイドの旅を組み立ててみるのもいい。本書で紹介した、ランかあさん（112ページ）の住むドゥンラム村を訪ね、地元の家庭料理を味わう一日ツアーも手配可能だ。ほかにも家庭料理のレストランをガイド付きで巡るプラン、農業体験&料理教室プランなど、暮らしに密着した食文化に触れられるツアー企画が充実している。

「世界遺産ホイアン・チャークエ村で農業体験&料理教室」は人気プラン。採れたて野菜を使った、農家のかあさんの手料理も味わえる。

**お問い合わせ　ピース・イン・ツアー**
☎ 03-3207-3690
(月～金10:00～18:00)
東京都新宿区早稲田町67
早稲田クローバービル 5F

## インデックス
# 種類別

料理の種類により、大きく8つのカテゴリに分けました。

揚げ豆腐の肉詰めトマトソース煮 P78
魚の煮つけ P99
北部風魚の味噌煮 P128
ロールキャベツのトマトソース煮 P144
魚の南姜煮 P148
なすとトマトのウコン煮 P152
温野菜・サラダ・漬物
大根とにんじんのなます P55
ゆで野菜の海老、豚入り煮つめヌックマムダレ P72
牛肉とゆで卵のサラダ P76
ゆで野菜味噌ダレ添え P124
スープ・カレー
ゴーヤーの肉詰めスープ P22
冬瓜と干し海老のスープ P28
ツルムラサキとヒユ菜、干し海老の簡単スープ P50
カボチャとピーナッツのスープ P68
雷魚の酸っぱいスープ P80
きゅうりと豚のしっぽのスープ P94
塩漬け干し大根と豚足のスープ P98
サウの実とスペアリブのスープ P126
ツルムラサキの蟹汁 P142
調味料・保存食
レモングラスチリオイル P84
塩卵 P102
メー P154
スイーツ・ドリンク
トマトとヨーグルトのシントー P32
つぶしアボカド P32
とうもろこしのチェー P56
ヨーグルト P104
ココナッツ寒天 P106
バインチョイ P132
ボッサンドリンク P156

# インデックス 食材別

主に使われている食材で
おおまかに分類しました。

今日もどこかで、
かあさんの味。

**伊藤 忍**（いとう・しのぶ）

ベトナム料理研究家。ベトナム料理教室「ăn cơm（アンコム）」主宰。ベトナムに3年半在住し、各地のレストラン料理のみならず、家庭料理も習得。現在も年に数か月はベトナムに滞在し、食文化の変化を追いかける。『ベトナム料理は生春巻きだけじゃない』（柴田書店）など著書多数。

ベトナムかあさん：Trần Thị Thơ　Huỳnh Hồng Trân　Lê Thị Thùy Trang
Nguyễn Thị Hoa　Dương Thị Lan　Đỗ Tú Anh

撮影：勝 恵美

コーディネート：勝 恵美（北部）　Trần Tân（南部）

装丁・デザイン：木村 愛

編集：大沼聡子

協力：株式会社ピース・イン・ツアー　MOREプロダクション・ベトナム

スペシャルサンクス：岡野明子

台所《だいどころ》にお邪魔《じゃま》して、定番《ていばん》の揚《あ》げ春巻《はるま》きから
伝統食《でんとうしょく》までつくってもらいました！

# ベトナムかあさんの味《あじ》とレシピ

2019年10月15日　発　行　　NDC596

著　者　伊《い》藤《とう》 忍《しのぶ》＋ベトナム大《だい》好《す》き編《へん》集《しゅう》部《ぶ》
発行者　小川雄一
発行所　株式会社 誠文堂新光社
〒113-0033 東京都文京区本郷3-3-11
［編集］電話 03-5805-7762
［販売］電話 03-5800-5780
http://www.seibundo-shinkosha.net/
印刷所　株式会社 大熊整美堂
製本所　和光堂 株式会社



ISBN978-4-416-51996-7